Thomas Primerano

Vers une pensée dissidente

Avertissement

L'ouvrage présent relève de mon initiative. Il comprend des essais personnels. J'ai souhaité faire précéder mes essais par un entretien avec Pierre Erler, suivi de ses cours sur trois tableaux. Les positions prises dans les essais sont les miennes et ne doivent être reprochées qu'à moi seul. De même le titre de l'ouvrage renvoie à mes essais. Ils s'adressent à un esprit jeune et extrêmement ouvert. En effet je ne suis ni un philosophe, ni un intellectuel. Je ne suis et ne demeurerai qu'un éternel élève.

T. P.

Le siècle des spécialistes

Thomas Primerano: Je me suis tout d'abord demandé à quelle étape du savoir philosophique vous êtes parvenu. Avez-vous tout vu ? Plus rien ne pourra vous étonner dans les textes ? Ou au contraire continuez-vous à lire et à être en constante découverte ? Je sais que vous relisez beaucoup de textes, récemment la <u>République</u> de Platon.

Pierre Erler: Vous avez déjà la réponse à la question. La connaissance est limitée. Même dans ce qu'on a lu et bien lu, qu'on a travaillé, il y a toujours possibilité de manquer certaines choses. Il faut lire des recoupements de textes, lire d'autres travaux sur la question. Lorsque l'auteur avance une théorie, il y a toujours à retenir, à poursuivre et à laisser. Par exemple, sur Baudelaire, il y a eu énormément de travaux. C'est un auteur contradictoire. On peut le lire et trouver des choses nouvelles. Toujours.

T.P: Vous avez écrit la <u>Peinture anonyme</u> ; Il s'agit votre thèse de philosophie se trouvant en un exemplaire unique à la Bibliothèque nationale de Strasbourg. Est-ce vous pouvez nous parler un peu de vos travaux ? Quelles étaient vos motivations ?

P.E: À l'époque on m'avait proposé de la publier via *Les Presses Universitaires de Strasbourg*. J'ai refusé parce que j'avais quelques ambitions parisiennes ; malheureusement cela ne s'est pas fait à Paris. Je voulais, entre autres, comprendre la critique d'art de Baudelaire car je pense que c'est un auteur décisif pour comprendre le passage de l'art traditionnel à l'art moderne. Malgré mon travail il y a un certain nombre de choses que je n'ai vu qu'*a posteriori*. Tout en ayant eu la possibilité de publier des passages de ma thèse sur Baudelaire dans une revue (*Furor*), j'ai repris l'analyse de cette critique d'art et publié ce travail dans un ouvrage collectif universitaire[1]. Hormis Baudelaire ma thèse portait également sur une critique de Derrida car à l'époque c'était l'un des grands philosophes. De ce côté il y avait 2 camps : les derridiens et les anti-Derrida. Ma situation était un peu particulière, j'étais plutôt du côté de la lecture derridienne des textes, plus complexe et plus intéressante que la lecture classique universitaire, mais je pensais qu'il fallait aussi retourner cette lecture contre son auteur. Le philosophe qui dirigeait ma thèse, Ph. Lacoue-Labarthe, qui faisait dans ses cours des commentaires absolument brillants, bien qu'ayant son originalité aussi bien littéraire que philosophique, était derridien. C'était donc une situation un peu dangereuse mais ça s'est très bien

---

[1]   *L'Ancien et le Nouveau,* PUS, 1996.

passé, c'était lui-même qui m'a proposé de publier aux Presses universitaires de Strasbourg. Je me suis focalisé sur un axe où Derrida proposait une interprétation extrêmement originale anti-universitaire de Platon. J'ai essayé de reprendre cette analyse et de la démonter. L'analyse universitaire n'était pas intéressante mais celle de Derrida, beaucoup plus stimulante, ne me semblait pas suffisante.

T.P: Nous allons maintenant rentrer dans le cœur du sujet, c'est-à-dire le cœur de votre conception de la philosophie. Je sais que je porte un regard biaisé sur vos cours, c'est normal. Il y a beaucoup de choses importantes qui ressortent lors de vos leçons ; vous faites toujours l'illustration de nombreuses situations polémiques contre la *doxa* scolaire et, sauf erreur de jugement, vous semblez comme moi très freudien. Est-ce envisageable?

E.P: Si vous voulez, le problème avec Freud est le suivant : il est très logique et rationnel (ce qui n'empêche que pas le *Livre noir* de la psychanalyse est une critique de Freud très intelligente). C'est quelqu'un qui a l'esprit expérimental et une prétention scientifique. Ce que lui appelle la clinique, et ce qui semble être une base relativement solide, cache en fait ceci : la vérité provisoire. On élabore une théorie à partir de faits. Si d'autres faits viennent à contredire la base alors on change la théorie; on le voit bien à travers les différentes topiques, les définitions du rêve, etc.,

Freud se remet souvent en question. Il a également subi des critiques de ses disciples. Il est donc vraiment honnête, mais le problème fondamental est que le domaine étudié appartient aux sciences humaines. Or, par définition, les sciences humaines ne sont pas des sciences au sens des sciences exactes qui ont un fondement mathématique (ce qui ne veut pas dire qu'il n'y ait pas de problème sur le statut de la science, de la logique ou de la vérité de ce côté). On ne peut pas en sciences humaines élaborer une théorie qui ait la prétention d'être universelle ou ayant un pouvoir de prévision, on le voit à travers la psychanalyse. D'où deux visions: ceux qui croient dans le domaine en question et ceux qui pensent que la psychanalyse ne mène à rien. Ensuite, il y a les différentes écoles de psychanalyse. Le problème de la castration ou de la pulsion de mort n'est pas du tout résolu. Le but de la psychanalyse n'est pas la philosophie mais la guérison: le but de Freud est de guérir. De plus, il pense que la guérison est une preuve de la valeur scientifique de la psychanalyse. Mais, de guérisons psychiques, on ne peut en avoir aucune certitude à cause de l'effet *placebo*. C'est une parole qui guérit, mais le problème est qu'une parole qui guérit n'a pas besoin d'être fondée sur des théories vraies. Nous pouvons guérir à partir de mythes invraisemblables. Lourdes et la Vierge Marie sont des mythes avancés par l'Église qui ont guéri des milliers de gens. Les mythes et rituels des sociétés traditionnelles ne sont pas sans effets de guérison. D'où le succès actuel du chamanisme dans les sociétés modernes. Il faudrait recenser dans notre société combien de guérisseurs actifs pour un médecin. S'il y a bien entendu du charlatanisme, il y a aussi des guérisons. Vous ne pouvez pas avoir une pratique d'une telle ampleur sans un degré d'effets positifs. Par ailleurs 50 % des médicaments chimiques en France, plus selon des publications les plus récentes, ne contiennent aucun principe actif, pourtant les gens prennent du sirop pour la toux et ça peut marcher. L'effet chimique, lorsqu'on peut prouver qu'il existe réellement n'est pas à 100%, il produit de surcroît aussi du *placebo*. Les guérisons de Freud ne sont pas des preuves de la vérité de ses théories, donc sur le fond on reste dans un jeu de l'esprit. D'autre part, même si on est d'accord avec les théories de la psychanalyse on peut toujours interpréter de différentes manières; il n'y a aucune certitude. Freud disait lui-même que l'analyse est infinie. Cela est problématique. Je ne dirais pas que le psychisme et que le sexuel marchent comme Freud le dit.

T.P: Cela me fait un peu penser à Kant qui, sur son lit de mort, déclarait: " Tout est bien". Donc finalement, même si Freud est une clé de votre enseignement, vous restez sceptique sur certains points. J'aimerais maintenant insister sur un des fondements de votre vie philosophique. En effet pour que ma transition soit parfaite j'aurais voulu citer Freud qui disait que « pour comprendre le grand artiste il faut comprendre le grand malade ». Alors finalement que pensez-vous de l'art ? Personnellement je reste hégélien sur la question. Je sais que vous n'êtes pas d'accord. Pour moi l'art est mort depuis longtemps mais j'aimerais savoir comment vous envisagez le concept et pourquoi cela vous a tant intéressé et passionné.

P.E: Je dirai en ce qui concerne Hegel qu'il a été le philosophe le plus compétent sur l'art. Evidemment l'obstacle de compréhension est son propre système. Mais il a été probablement l'un des moins incompétents parmi les philosophes. Contrairement aux autres, notamment Platon et Kant, il s'est vraiment intéressé au domaine. Il est le premier sinon le seul qui étudie l'histoire de l'art; il travaille avec les connaissances limitées de l'époque, cela est mortel pour son propre système philosophique car, à l'époque il n'avait pas la traduction des hiéroglyphes par exemple. Hegel, ç'est tout un cours sur l'art égyptien comme art symbolique, or cela n'a aucun sens car il n'a évidemment pas les traductions. Il n'y a d'ailleurs pas d'art au sens artistique avant l'époque grecque classique car la notion d'art en ce sens suppose des conditions sociales nouvelles de la production artisanale sculptée ou peinte: l'artisan qui fait le dieu devient plus important que celui-ci (une divinité de Praxitèle sera de très loin plus importante que telle divinité faite par un sculpteur anonyme, le plus souvent esclave). Apparaissent donc la signature, des critères esthétiques et non plus seulement religieux et une nouvelle littérature de connaisseurs, un nouveau marché de l'art, une nouvelle classe sociale des

« artistes » distinguée par le talent, la richesse et la célébrité (alors qu'elle pratique le même métier artisanal que l'esclave), etc. Une singularité étonnante des Grecs antiques est qu'ils inventent l'art à partir des conditions précédentes sans toutefois inventer les noms mêmes d'«art » (au sens artistique) et d'« artiste ». Pour les sociétés antérieures et traditionnelles qui ne connaissent pas ces conditions sociales de la production et réception artistique, parler d'art relève de l'anachronisme. Par exemple parler des « arts premiers » implique une double confusion, celle d'une production rituelle magique avec la production artistique et celle de l'oubli des peintures, gravures et sculptures préhistoriques qui sont évidemment antérieures et réellement « premières » (mais pas plus artistiques, même si elles ont un fort effet esthétique et relèvent d'un métier achevé, mais cela ne suffit pas, il faut encore les conditions sociales mentionnées précédemment). De même le critère fondamental du primitivisme revendiqué par l'art dit moderne fait problème, pour deux raisons: ce primitivisme n'est pas artistique dans les sociétés traditionnelles et dans le folklore local des sociétés modernes. Et primitivisme est l'opposé de moderne. Il est amusant de voir le moderne chercher son originalité dans le plus traditionnel (voilé par l'exotique). Parler sur les Assyriens sans avoir les textes assyriens serait s'exposer aux contresens. Cela dit, l'analyse de Hegel de la sculpture grecque comme le grand art indépassable est intéressante. Même si c'est un lieu commun, du fait de la répétition des néo-classicismes depuis la Renaissance jusqu'aux retours à l'ordre du XXe siècle (y compris chez des adversaires notoires comme Picasso), lieu commun qu'on retrouve même chez Marx[2]. A l'époque de Hegel, la version de cette répétition est représentée par Winckelmann. De même son analyse de la peinture hollandaise, de la critique de l'ironie romantique et sa fameuse thèse de l'art comme chose désormais passée. Cependant la faiblesse de Hegel est de croire à la fiction de l'existence d'un l'idéalisme absolu qui expliquerait le monde et en particulier l'art: l'Esprit absolu. L'art au sens philosophique du terme est très éloigné des arts, c'est une invention des philosophes pour compliquer les choses. Il vaut mieux parler de sculpture, d'architecture et de peinture, de musique, de poésie, de littérature, etc. Si l'on veut parler d'art, il faut toujours considérer la spécificité de chaque art. L'art au sens philosophique c'est rassembler tout cela et risquer de ne parler de rien. C'est une abstraction. La sculpture ne fonctionne pas comme la peinture. Ni la peinture comme la littérature: ce sont des pratiques qu'on ramène à des concepts pensés par des philosophes qui essaient d'être dans un esprit d'abstraction et d'universalité synthétisant

---

[2]   « Mais la difficulté n'est pas de comprendre que l'art grec et l'épopée sont liés à certaines formes du développement social. La difficulté, la voici : ils nous procurent encore une jouissance artistique, et à certains égards, ils servent de norme, ils nous sont un modèle inaccessible. » Marx, *Introduction générale à la critique de l'économie politique*.

d'échelle en échelle, d'escalier en escalier et débouchant dans le vide.

Il ne peut y avoir un accès sérieux à l'art que par un accès à chaque art en particulier. Pour ce qui est de la peinture, outre évidemment les œuvres et les textes des peintres, il faut passer par la littérature spécialisée des connaisseurs, critiques d'art et historiens de l'art, nettement plus pertinente que la littérature philosophique sur la question[3], et qui est plutôt un obstacle à la compréhension des arts. Par exemple la division constante, de Vasari jusqu'à encore Baudelaire, du tableau en parties (dessin, composition (invention), clair-obscur, drapé, expression, manière, etc.) permet une analyse fine à la fois technique et esthétique (valeur artistique du tableau).

En ce qui concerne la « mort de l'art[4] », il est clair que l'art du XXe siècle n'a rien à voir avec l'art du passé. Il est amusant d'ailleurs de constater le maintien du mot « art » alors que ses nouvelles valeurs sont explicitement en rupture avec celles de l'art traditionnel, à commencer par le métier artisanal qui est le sens originaire du mot « art ». Les critères de l'art moderne sont très discutables mais ce serait trop long à critiquer ici. Disons que pour moi il ne peut exister

---

[3] Par exception, une philosophe qui a bien vu cela: J. Lichtenstein, *Les raisons de l'art, Essai sur les théories de la peinture*, Gallimard, 2014. Le glissement du concept d'« art » du titre à celui de « peinture » du sous-titre est déjà éloquent. Un précédent est bien entendu Diderot.

[4] Expression qui ne rend pas compte exactement de la thèse de Hegel.

d'art, conformément au concept, sans métier artisanal d'une part, et d'autre part métier utilisé de manière artistique. Cela exclut déjà la conception du readymade comme art[5]. L'art au sens traditionnel existe encore aujourd'hui mais difficilement en raison de la domination de l'idéologie avant-gardiste. Il n'existe d'ailleurs que trois conceptions de l'art qui ont voulu une domination exclusive: l'art nazi, le réalisme socialiste et l'art moderne des XXe et XXI siècles. Du XVe au XIXe siècle, il y avait toujours concurrence des écoles, Florence et Venise, le dessin et le coloris, la facture rapide et le fini, le naturel et la manière, le néo-classicisme et les différents mouvements opposés (maniérisme, baroque, romantisme, réalisme, etc.). Les

---

[5] Conception artistique du readymade qui n'est d'ailleurs pas toujours la position de Duchamp. Alors que l'identité affirmée par Duchamp entre art, faire et choix peut faire passer le readymade pour de l'art (mais à mon sens de manière sophistique) et que son urinoir était conçu dans une stratégie qui l'inscrivait à la fois comme art (signature, volonté de l'exposer à la Société des Artistes Indépendants , reproduction artistique de Stieglitz, exposition dans sa galerie 291) et comme farce par le pseudonyme Mutt qui renvoie, selon Duchamp lui-même, au duo comique populaire *Mutt and Jeff*, donc de l'art comme farce, ou farce comme art, sur le modèle des *Arts incohérents* (on n'est pas loin de la mort de l'art), Duchamp a aussi une conception nihiliste du readymade, au-delà non seulement du faire, mais du goût et du sens: « La chose intéressante pour moi était d'extraire [l'objet] de son domaine pratique [… et l'amener dans un domaine complètement … vide, […] vide de tout […]. » (Entretien de M. D. avec Jean Neyens RTBF, 1965). Donc le readymade est conçu ici au -delà de l'opposition art / non-art. Sur le readymade « vide », voir B. Marcadé, *Marcel Duchamp*, Flammarion, 2007.

académies étaient des institutions de discussion et le marché pouvait contredire les académies, un petit sujet de genre pouvait largement dépasser en valeur un grand tableau religieux. Cette domination exclusive de l'art moderne et contemporain[6] est d'autant moins légitime qu'elle repose sur une mythologie qu'il faut déconstruire. Il faudra réécrire l'art du XXe siècle[7].

On sait qu'un critère fondamental de l'art moderne et contemporain est la surenchère dans la transgression, la provocation, notamment sexuelle. C'est une impasse, puisque dans cette voie il sera toujours dépassé d'une part par la pornographie et d'autre part la violence réelle donnée par les médias, par l'actualité quotidienne et qui en fait un spectacle plus fort que n'importe quelle performance ou exposition d'art contemporain. Il n'est dès lors pas étonnant qu'un célèbre compositeur de musique contemporaine en tire la conséquence tout aussi logique que stupide et criminelle: « Ce à quoi nous avons assisté, et vous devez désormais changer totalement votre manière de voir, est la plus grande œuvre d'art réalisée; que des esprits atteignent en un seul acte ce que nous, musiciens ne pouvons concevoir; […].» (Stockhausen, Déclaration à propos du 11

---

[6] Particulièrement en France où les Frac imposent dans chaque région l'idéologie officielle internationale, moins dans d'autres pays comme les Etats-Unis ou l'Allemagne.
[7] Entreprise commencée par exemple par J. Thuillier, *Histoire de l'art*, Flammarion, 2009. Et, étant donné le terrain d'origine de la révision, J. Thuillier, *L'art au XIXe siècle, un nouveau regard*, Ed Faton, 2017.

septembre, daté du 18 septembre). On a là l'affirmation du meurtre de masse comme « la plus grande œuvre d'art »[8]. Dans ce XXe siècle, il faut saluer les peintres qui ont su et pu résister à l'idéologie artistique moderne et proposer une peinture qui veut rivaliser avec l'art du passé: De Chirico (période métaphysique), Hopper et quelques autres[9]. Malheureusement leurs différentes qualités sont limitées par un métier inférieur à celui des grands peintres de la tradition. C'est particulièrement dramatique pour De Chirico quand il prétend restaurer cette peinture.

T.P: Je pense que je commence à approcher de la vérité, on sent que vous êtes plus un professeur de philosophie et un amateur d'art qu'un philosophe en lui-même. Je me trompe ?

P.E: Oui, on peut le dire comme cela, et peintre. Je pense que la philosophie aujourd'hui est une discipline dépassée. Elle est en survie artificielle. Elle n'existe que

---

[8] Déjà A. Breton: « L'acte surréaliste le plus simple consiste, revolvers aux poings, à descendre dans la rue et à tirer au hasard, tant qu'on peut, dans la foule. » (*Second manifeste du surréalisme*). Voir les travaux de J. Clair sur les rapports entre art moderne et crime, barbarie, totalitarisme, fascisme.
[9] Dali, de manière plus offensive, dans *Les cocus du vieil art moderne* (Grasset, 1956), rend très justement Picasso responsable de la « laideur généralisée » (à laquelle a échappé Olga Khokholova).

par la force de l'institution. Je pense que la philosophie aujourd'hui est dans la situation de l'Eglise et de la théologie après la Révolution française ; il n'y a plus de raison de la tenir sous perfusion. Non qu'elle n'avait pas sa raison d'être. La philosophie est une discipline historique qui a été décisive pour passer de la religion à la science. Elle a permis et imposé le libre examen de la raison, la raison critique contre le principe d'autorité (Socrate, Descartes, les Lumières) mais la raison seule ne suffit plus, il faut le calcul (déjà vu par Platon, mais dans une perspective non pratique, et les philosophes mathématiciens (Descartes, Leibniz)) et le laboratoire, la technique, la preuve expérimentale, l'efficacité. On ne peut plus penser les mains dans les poches. Le morceau de cire, c'est l'avenir, le *cogito* c'est le passé. La seule raison contre la raison expérimentale n'a aucun avenir. Quand Descartes passe de la pure réflexion (le *cogito*) à la manipulation réfléchie des choses, il fait un saut décisif. Il y a deux Descartes: celui qui croit devoir s'embarrasser d'un fondement métaphysique qui ne peut être qu'une fiction. Il y aurait d'ailleurs beaucoup à dire sur la construction délibérément fictive du doute cartésien (malin génie et autre dieu trompeur), sans parler de leur source onirique (les trois fameux rêves de novembre 1619). C'est très intéressant, non comme condition de la vérité, mais comme fiction philosophique concurrente de la fiction religieuse et littéraire, ou comme introduction dans la philosophie de la fiction littéraire. Ça commence d'ailleurs à fond avec Platon: il est plus mythique que les mythes qu'il critique. Et le deuxième Descartes est celui qui comprend qu'il faut passer à une philosophie pratique[10].

Cette philosophie pratique a d'ailleurs toujours existé, mais sous des modalités très différentes. On pense évidemment à la philosophie morale pratique des stoïciens ou des épicuriens: c'est utile, ça marche. Bien entendu il faut détacher les règles efficaces (quand elles le sont) de leurs fondements métaphysiques. Mais aussi Socrate qui pense la sagesse et tous les concepts non pas à partir d'un bien ou de l'intelligible suprasensibles (ce qui sera le Socrate idéaliste de Platon), mais sur le modèle terre à terre du métier artisanal, de la pratique, de l'utile, de l'art au sens de la technè grecque[11]. D'où par exemple, dans le

_____

[10] « [...] il est possible de parvenir à des connaissances qui soient fort utiles à la vie, et qu'au lieu de cette philosophie spéculative qu'on enseigne dans les écoles, on peut en trouver une pratique |...]. » (*Discours de la méthode, VI*). Alors que cette philosophie pratique qui ne sera rien d'autre que la science moderne produira ses fruits et nous aurait débarrassé de la philosophie spéculative (ici théologico-aristotélicienne), c'est malheureusement la métaphysique cartésienne qui relancera cette spéculation vaine.
[11] Voir en particulier F. Roustang, *Le secret de Socrate pour changer la vie*, Ed O. Jacob, 2011. Déjà par exemple Brunschvicg: « « Socrate montre la sagesse en quelque sorte au ras du sol, enracinée dans l'activité pratique (...). » Affirmation ensuite minimisée par réflexe platonicien. Roustang a bien saisi par ailleurs la dimension double de Socrate, artisanale, mais aussi magique: (« [...] par tes seules paroles, nous sommes [...] comme

Livre I de *La République*, l'interrogation, qui paraîtrait autrement déroutante, de la justice non pas comme concept mais comme art, au sens artisanal: « Alors que restituerait, et à qui, l'art qu'on appellerait justice (technè dikaiosunè)? » La solution ne se trouve pas dans le ciel métaphysique mais dans la production de l'artisan. La voie pratique aura encore une modalité politique, celle par exemple de Marx, qui demandera aux philosophes non plus d'interpréter le monde, mais de la transformer.[12] S'il y a bien une chose qui peut rester et continuer de la philosophie, c'est cette dimension pratique.

T.P: Pourtant sans ces quelques fils de perfusions qui la maintiennent en vie, plus personne ne lira Derrida, Hegel, Kant…

P.E: *(rire)* Vous pensez que cela va être une perte pour l'humanité ? Au contraire tous ces textes sont des obstacles à la compréhension. Puisque vous parlez de Kant, c'est lui qui voit très justement la métaphysique comme « champ de bataille » mais ne règle pas le problème car il reste dans une solution philosophique

---

possédés. » (Eloge de Socrate par Alcibiade dans *Le Banquet*). L'erreur philosophique constante est d'occulter cet artisanat et cette sorcellerie par une raison pure, une pensée par soi-même qui est le rituel religieux philosophique.

[12]   *Thèses sur Feuerbach, XI.* Bien entendu il faut juger cette orientation pratique à l'aune de ses effets réels sur l'amélioration de la société, paradoxalement faite par la tendance réformiste et non la tendance révolutionnaire.

(dans sa version critique). Le champ de bataille continuera donc après et malgré lui (Hegel, Schopenhauer, Nietzsche, etc., contre Kant). Je pense que l'institution ferait bien mieux de supprimer la philosophie dans sa forme actuelle au lycée (un ministre philosophe de l'Educ. Nat. proposait, ce qui était déjà bien, mais sans pouvoir le réaliser, une approche historique de la philosophie). Et de mettre à la place des cours de psychanalyse, des cours d'histoire de l'art (discipline oubliée dans le secondaire, ce qui est un véritable scandale (elle est enseignée par des non-spécialistes (Lettres, Histoire ou Arts plastiques (ces derniers étant le pire enseignement qui peut être donné de l'histoire de l'art remplacée par une pratique sans métier, une fausse pratique et une idéologie moderniste fumeuse et exclusive qui relève de la propagande), d'exégèse biblique et coranique, c'est-à-dire une approche, non pas religieuse ou philosophique, mais scientifiquement spécialisée des religions, d'astrophysique et non pas ce fatras de connaissances qui datent, y compris la philosophie, de l'Antiquité au XIXe siècle. L'enseignement des connaissances d'aujourd'hui ne peut-être un enseignement synthétique. On ne peut pas se contenter de donner quelques informations concernant les disciplines, et je ne parle même pas du progrès des nouvelles connaissances. Nous avons fait des progrès fantastiques en neurosciences alors que l'ontologie en philosophie est une fiction ! C'est le vieux truc d'Aristote qui a occupé beaucoup d'intellectuels pour rien.

Un philosophe aujourd'hui assez méprisé mais qui avait vu assez juste, c'est Auguste Comte. Il exclut toute métaphysique. Il a insisté sur le fait que toutes les disciplines étaient prises à part et que le problème est effectivement leur unité mais il avait encore cet espoir que la philosophie était l'unité de toutes les sciences. A l'époque c'était sans doute déjà anachronique (peut-être le dernier esprit universel était Leibniz), mais maintenant nous sommes entrés dans le siècle des spécialistes. Et aujourd'hui, pour parodier Platon, le philosophe métaphysicien devrait être exclu de la société !

T.P: Je me pose tout de même la question car moi-même et tous les étudiants en philosophie croyons évidemment en la matière et je me permets de rappeler que Hegel a écrit ce qui apparaît comme l'indépassable : un essai sur le savoir absolu.

P.E:*(amusé)* Le savoir absolu de Hegel est une fiction. Vous croyez à cette histoire de savoir absolu ? C'est une sorte de talisman, comme en avait le sorcier dans les sociétés tribales. C'est un fétiche, c'est le fétiche des philosophes. Il n'y a rien derrière, rien devant et rien dedans. Finalement qu'est-ce que le savoir absolu chez Hegel ? Pour aller vite, c'est que le fini de toute chose n'a de sens que dans son rapport dialectique avec la chose elle-même, c'est-à-dire que tout fonctionne par négation interne et produit donc à l'infini la poursuite du fini. Et, le fini n'a donc de sens que dans sa dialectique interne et, à partir de là, dans sa position par rapport au Tout. Il y a toujours la totalité qui est la médiation de chaque fini avec lui-même, c'est simplement ça. Ce n'est pas grand-chose finalement. Ensuite vous pouvez prendre toutes ces choses et faire des analyses très acrobatiques avec la négation que la chose comprend en elle-même par rapport à la totalité. On peut alors avoir un discours paradoxal et séducteur mais ça ne va pas très loin. D'autant moins que Hegel lui-même, lorsqu'il essaye de faire ses analyses détaillées, se trompe sur beaucoup de choses. Par exemple sa philosophie de la nature est fausse. Elle est fausse scientifiquement parce qu'il ose s'opposer -non scientifiquement- à Newton. Hegel ce n'est pas Einstein. Il n'a alors aucune chance d'être pris au sérieux par des gens sérieux. Mais il peut être pris au sérieux par des philosophes. On est dans le même rapport que celui de Bergson avec Einstein et à chaque fois qu'il y a ce genre de confrontation, vous pouvez le vérifier, c'est toujours le philosophe qui a tort. On ne peut s'opposer à Newton que sur le terrain des équations comme l'a fait Einstein. Et aujourd'hui vous avez des personnes qui font de la phénoménologie de la conscience avec un discours rhétorique, pseudo mystérieux et qui essayent et espèrent obtenir une victoire sur les sciences cognitives. Tout cela, en définitive, reviendra à un calcul, à des équations vérifiées par l'expérience, ce qui était d'ailleurs le rêve de Descartes et de Leibniz. D'ailleurs non seulement les sciences cognitives vont comprendre la pensée et la conscience, mais la technoscience produit déjà une pensée artificielle autrement plus puissante, pour le calcul et la mémoire.

T.P: je vais essayer maintenant de faire un coup double sur la religion et la philosophie. Aujourd'hui on peut difficilement ignorer l'actualité récente avec Trump, Daech, la montée du nationalisme en France *et cetera*. Nous sommes dans une période troublée, c'est certain. Vous disiez d'ailleurs que nous étions déjà en troisième guerre mondiale. Une guerre religieuse. Ma question restera donc très vague mais il s'agira de mettre en exergue le fond de votre philosophie personnelle. Comment imaginez-vous l'avenir ? Au risque de vous déplaire encore une fois, je suis personnellement hégélien sur cette question et je pense donc que l'Esprit travaille encore et que nous arriverons à terme à la réconciliation.

P.E: je ne suis pas prophète et je trouve cela bien aventureux de la part de Hegel, même si cela est en accord avec sa philosophie de l'Esprit de prédire une réconciliation. Sur ce point, je pense que personne ne peut anticiper l'histoire, même pas Hegel. L'histoire ne peut pas être l'objet de prévisions. Regardez, qui a prévu la chute du communisme ? Personne. Qui aurait imaginé que le mur de Berlin s'effondre ? Qui aurait pensé qu'à la fin du XXème siècle le capitalisme triompherait sur la planète ? Même la Chine devient capitaliste ! Il faut se garder de faire des prévisions.

D'autres exemples encore : une fois la chute du communisme effective, une fois le capitalisme mondial en place, qui aurait pu prévoir la renaissance de l'islam, sa radicalisation et une nouvelle volonté d'impérialisme (qui n'est d'ailleurs qu'une version historique de l'islam, comme le montre, entre autres, la notion de califat)? Il y a aussi cette histoire d'émigration massive. Il est question que le Mexique déménage aux États-Unis et que l'Afrique déménage en Europe.

T.P: Très bien et alors votre idée sur la religion ? Je sais que le sujet avait été au cœur de nombreux cours et avait provoqué les plus vives réactions. Vous avez, par votre discours, suscité l'ire de plusieurs de vos étudiants. Des élèves, qui se sont sentis tellement persécutés, ont d'ailleurs cru bon de changer de classe et de ne plus assister à vos cours. Vous fouliez aux pieds la religion.

P.E: (rire) Vous faites sûrement référence à V…, par exemple. Elle avait quelque difficulté à descendre du mythe à l'histoire. Effectivement mes cours sont polémiques et mes opinions ne plaisent pas à tout le monde, mais il y a aussi des élèves qui aspirent à un savoir qui suppose l'esprit critique, et qu'on ne peut sacrifier.

Maintenant il est clair que cela remet en question des croyances très personnelles. On voudrait être immortel, on voudrait qu'il y ait un paradis. Un cours de connaissances scientifiques et non religieuses sur la religion, cela peut affecter. Si l'on est croyant sans avoir les connaissances des textes et qu'on s'aperçoit que tous les dogmes ne sont que de l'invention, ça peut effectivement faire un choc. J'ai cette année une élève qui est extrêmement croyante et qui a eu une révélation divine en allant faire un pèlerinage à Lourdes. Elle est dans une forme de déni par rapport à mes cours et sa vocation la pousse à faire des études de théologie, faculté qui la surprendra car elle forme des clercs et, à l'opposé, par l'exégèse biblique donne les meilleures preuves de l'invention humaine des textes sacrés. Elle ne sera donc pas au bout de ses surprises. Elle est prise entre deux choses : la vérité des textes et ses croyances. Prenons l'exemple de la Vierge Marie. Comment se fait-il que cette femme, dont personne ne parle pratiquement dans les Evangiles, devienne une déesse ? De plus, il est dit explicitement dans les textes qu'elle a plusieurs enfants. Jésus aurait alors plusieurs frères et sœurs dont le fameux Jacques qui deviendra le premier évêque de Jérusalem et qui sera lapidé. On en a la preuve par les historiens juifs. Que pouvons-nous faire avec ça ? Luther lui-même était tombé sur ces textes et il avait compris qu'il fallait arrêter le culte.

Mais le problème sérieux est celui des élèves de culture musulmane. L'absence d'autocritique de cette culture (inversement proportionnelle à la critique de la culture occidentale) et l'idéologie antiraciste rendent difficiles un enseignement critique. Par exemple cette culture continue de légitimer comme tel un texte religieux fondateur, le *Coran*, qui est théocratique, inégalitaire (homme/ femme, musulman / dhimmi) et esclavagiste, sans parler de ses conséquence historiques impérialistes. On peut alors entendre ces élèves affirmer que l'esclavage est légitime puisqu'il vient de Dieu, qu'il est « humain » contrairement à l'esclavage occidental, on confond affranchissement et abolition. A cela s'ajoute un fanatisme et une radicalisation dangereuse de certains élèves. Il fallait donc affronter la situation. Un enseignement philosophique traditionnel n'a ici aucun effet, il vise soit le dieu chrétien soit un dieu impersonnel (la religion en général opium du peuple par exemple) qui ne touchent pas spécifiquement le dieu musulman. Les élèves musulmans sont tout à fait prêts à entendre tout cela, car cela ne concerne pas leur culture religieuse. C'est pourquoi j'avais décidé depuis quelques années d'aborder directement et spécifiquement le *Coran* et les *hadith.*, non de manière philosophique, pour ne pas perdre de temps, mais de manière scientifique, exégétique et archéologique. Il fallait distinguer d'emblée la culture musulmane qui ne pratique qu'une interprétation religieuse du *Coran* et la culture occidentale qui pratique une interprétation scientifique. Laisser à la mosquée l'interprétation religieuse et assumer l'interprétation scientifique. D'où la surprise pour ces élèves d'apprendre l'état très problématique des manuscrits[13] (non pas une écriture mais un aide-

---

[13] Voir les travaux de F. Déroche.

mémoire illisible pour celui qui n'en a pas la mémoire orale, pas de voyelles, des signes de consonnes polysémiques, des phrases incomplètes[14], des datations anachroniques, etc.), la question d'autres langues que l'arabe dans le Coran[15], les conditions historiques en Arabie de l'élaboration du *Coran*[16] (ignorance par exemple de la présence de tribus juives en Arabie à l'époque). De même ils ignoraient le verset fondamental de l'abrogation[17] parce que perdu à l'intérieur du texte alors qu'il devrait logiquement être le premier verset. Il implique deux *Coran,* un *Coran actuel* et un *Coran* supprimé dans le même texte. Ce verset de l'abrogation qui voudrait résoudre des difficultés circonstancielles implique des contradictions: une contradiction interne: un dieu qui se corrige implique un dieu qui était moins bon, inférieur (induit par l'adjectif « meilleur »), ce qui est admis en régime polythéiste mais non en régime monothéiste où il ne peut être que le plus grand ou le meilleur, il y a absolu et non un relatif. Une contradiction avec la

---

[14] Un exemple donné par Déroche: Les élus du paradis sont « abreuvés d'un [vin] rare et cacheté […] d'un [vin] mêlé [d'eau] du Tasnîm » (*Coran,* 83-25-27). Les mots entre crochets sont les ajouts pour donner un sens au texte.

[15] Voir en particulier la thèse de Ch. Luxenberg.

[16] Voir les travaux de J. Chabbi ou de A.-L. de Prémare.

[17] « Dès que nous abrogeons un verset (âya) quelconque ou dès que nous le fassions oublier, nous le remplaçons par un autre, meilleur ou semblable. Ne sais-tu pas que Dieu est Omnipotent ? » (*Coran* 2, 106)

composition du *Coran*[18]. Et l'abrogation entre en contradiction avec un autre verset: « Dieu dira: […] La parole, chez moi, ne change pas. » (*Coran,* 50, 28-29). Bref, tout cela les concernait directement et impliquait la nécessité d'une réflexion sur leur propre culture. Et, au bout du compte, les choses se sont bien passées. Il y avait bien une minorité pour qui il n'y avait qu'un texte éternellement vrai et qu'on n'avait pas le droit de critiquer, on reste dans la culture musulmane qui n'a pas encore fait l'expérience de la philosophie des Lumières, mais la grande majorité des élèves de culture musulmane était plutôt satisfaite de mieux connaitre le texte fondateur de leur culture, même s'il n'avait plus la même perfection.

T.P: Vous disiez vous-même l'année passée "Jésus est un guérisseur".

P.E: Ah oui effectivement et cela est fondamental. Si vous ouvrez les *Évangiles*, à toutes les pages vous trouvez Jésus qui guérit. Il faut représenter non pas Jésus comme le Crucifié mais comme une sorte de guérisseur ambulant qui pratique la médecine de

---

[18] Dès lors qu'il y a abrogation, il faut impérativement un ordre chronologique alors que le *Coran* a un ordre fondé sur la longueur décroissante des versets. D'où la discussion interminable des « savants » musulmans (en fait des religieux) sur ce qu'il faut abroger et sur ce qui est en droit d'abroger.

manière gratuite. La plupart du temps il discute avec les apôtres, puis une femme sort et l'appelle en disant que son fils est malade et Jésus s'en va le guérir. Les *Évangiles* c'est exactement ça et c'est cela qui fait sa réputation. Il est un personnage extrêmement sympathique et charismatique qui a ce don de guérison et à partir de là, il pense que ce don lui vient de la croyance. L'homme le remercie pour sa guérison et Jésus lui répond que ce n'est pas lui qui l'a guéri, que c'est sa foi, que c'est sa propre force qui l'a guéri mais il faut la médiation du fétiche. Il y a là un exemple de l'efficacité du fétichisme de la parole. Certes il y a le problème des deux Jésus, le Jésus juif fidèle à la loi de Moïse[19] et le Jésus qui au contraire refuse la loi de la pureté rituelle, le Jésus de la pureté du coeur[20] de la transgression du sabbat, du jeûne. Il y a encore le

---

[19] « Ne pensez pas que je sois venu supprimer la loi de Moïse et l'enseignement des prophètes. Je ne suis pas venu pour les supprimer mais pour leur donner tout leur sens. Je vous le déclare, c'est la vérité : aussi longtemps que le ciel et la terre dureront, ni la plus petite lettre ni le plus petit détail ne seront supprimés de la loi, et cela jusqu'à la fin de toutes choses. » (Matthieu 5.17-20).

[20] « Ne comprenez-vous pas que rien de ce qui du dehors entre dans l'homme ne peut le souiller? Car cela n'entre pas dans son coeur, mais dans son ventre, puis s'en va dans les lieux secrets, qui purifient tous les aliments. Il dit encore: Ce qui sort de l'homme, c'est ce qui souille l'homme. Car c'est du dedans, c'est du coeur des hommes, que sortent les mauvaises pensées, les adultères, les impudicités, les meurtres, les vols, les cupidités, les méchancetés, la fraude, le dérèglement, le regard envieux, la calomnie, l'orgueil, la folie. Toutes ces choses mauvaises sortent du dedans, et souillent l'homme. » (marc, 7, 18-23).

thème du « Royaume de Dieu » dont on discute encore aujourd'hui du sens exact, mais qui était bien contemporain et qui était lié à ce pouvoir de guérison et qui disparaît avec l'exécution de Jésus. On a le récit de la résurrection, une belle invention de Saint Paul dans un texte tardif pour pallier l'échec de la réalisation du Royaume de Dieu. « Jésus annonçait le Royaume, et c'est l'Église qui est venue » comme l'a bien dit l'abbé Loisy.

T.P: En vous appuyant sur les recherches et les découvertes archéologiques, vous nous aviez affirmé que Pharaon n'a jamais été emporté par les eaux de la mer Rouge et que, par conséquent, l'histoire de Moïse n'était que pure invention.

P.E: Travaux archéologiques confirmés par les travaux d'exégèse biblique, et l'inverse.

T.P: Il reste encore tant de questions sans réponse notamment sur l'identité de la Joconde. Loin de moi l'idée de créer ou servir un courant de pensée, je souhaitais simplement dévoiler les fondements de la philosophie ou plutôt la non philosophie qui vous caractérise.

P.E: Il faut en effet être attentif à l'évolution des connaissances. La philosophie est une matière condamnée et les autres pays ont été beaucoup plus sages sur ce point : au niveau européen il existe une harmonisation relative des institutions et ça ne m'étonnerait pas que l'Europe impose à la France la suppression de la philosophie dans le secondaire (il me semble que Giscard avait déjà tenté de le faire).

Nous travaillons en philosophie à partir des textes du passé (je crois que la philosophie est la seule discipline littéraire du secondaire qui ne comporte que des auteurs morts dans son programme des œuvres à étudier en lecture suivie), alors qu'au sein même des disciplines, les spécialistes avancent. Sur l'art par exemple, on continue à répéter les mêmes choses avec Platon, Hegel, Bergson, etc., alors que l'histoire de l'art apporte des connaissances nouvelles. En sciences cognitives, on pensait toujours avoir besoin d'un cerveau comme support mais il sera bientôt possible de créer une conscience dans une machine et même d'élever les compétences à un rang supérieur à celui de l'homme. Certains algorithmes mis en relation parviennent à établir entre eux un programme crypté pour empêcher l'homme de comprendre. Sans qu'on puisse le prévoir ils sont capables de produire leur propre clé de cryptage ! Paradoxalement, on essaie d'élaborer des programmes pour empêcher cela. Tout cela pour dire que cela implique une connaissance de plus en plus spécialisée.

T.P: Vous analysez la théocratie, la technocratie, les mathématiques du chaos, les textes de la Bible que l'Eglise catholique tente de cacher…

P.E: Seuls les spécialistes connaissent ces sujets. Ils ne sont pas assez présents sur la scène publique et c'est ça qui est malheureux. Il faudrait qu'un enseignement d'exégèse biblique, et de manière plus urgente, coranique, existe au lycée. Urgente au regard des problèmes que pose l'islam en France. Des grands problèmes de la philosophie c'est le problème de Dieu qui est le plus récurrent. Est-ce que Dieu existe ? Qui est Dieu ? Quelle est la nature de Dieu ? Si vous confrontez tous les textes philosophiques vous n'aurez aucune réponse, vous aurez affaire au mieux à un raisonnement logique comme celui de Pascal ou comme celui de Kant. Ce raisonnement aura une pertinence logique mais il ne pourra pas être prouvé scientifiquement ou empiriquement. Prenez en revanche des spécialistes comme Thomas Römer ou d'autres auteurs de ce type ; vous découvrirez que le premier Dieu unique s'appelait Yhwh et qu'il venait du Sud ; découverte factuelle essentielle qu'un Kant ne verrait pas en raison de son approche philosophique. Or déjà dans la Bible, on a la preuve que Yhwh n'est pas un Dieu juif. Il ne vient pas du ciel, il vient du Sud ! Si l'on regarde la carte cela correspond à l'Egypte. Il y a quelques années on a découvert une même citation importante dans deux tombeaux de pharaons : "Yhwh, le dieu des Shasou". Il s'agit en fait d'une petite tribu nomade qui a eu des problèmes avec les Egyptiens. Yhwh était donc un petit dieu local non hébreu et celui qui l'a introduit chez les Hébreux (Moïse) était en réalité un petit chef tribal nomade. On retrouve des traces de cela dans la *Bible*, notamment *Exode* 24. Ils ont donc fui l'Egypte, sont allés en Israël et ont ensuite fait une alliance. Au mont Sinaï, les Israéliens se sont alliés aux Shasou[21]. On a donc la preuve empirique de l'invention de Dieu. Évidemment c'est très terre à terre mais on est là dans la vérité. Vérité assurément toujours provisoire, mais qui ne peut être réformée que sur ce même terrain positif des faits. On peut ensuite discuter *ad vitam aeternam* de la preuve ontologique mais vous discuterez entre philosophes. La connaissance de la nature et de l'existence de Dieu et des dieux se trouve dans l'archéologie et l'exégèse biblique, non dans l'analyse philosophique. Sans oublier l'astrophysique pour la question d'un dieu non ethnique. C'est pourquoi Spinoza a définitivement raison contre Pascal. Mais non pas Spinoza philosophe, on pourra encore longtemps confronter l'*Ethique* aux *Pensées*, philosophiquement il y a aura toujours des partisans de part et d'autre, mais Spinoza grammairien et philologue, spécialiste de l'Hébreu biblique et qui dès le XVIIe siècle voit les anachronismes linguistiques dans l'Ancien Testament.

---

[21]   Sur les origines du dieu Yhwh et son passé polythéiste, voir T. Römer, *L'invention de Dieu*, Seuil, 2014.

Pierre Erler,
Cours sur trois tableaux

Mona Lisa?

Tableau le plus célèbre, *La Joconde* est l'objet d'un mythe qu'il faut d'abord rappeler et dépasser.

Le mythe.

Un premier mythe est, comme on peut s'y attendre, le mythe de l'artiste propre à la Renaissance qui excède *La Joconde* et qui qualifie tout grand peintre de « divino ». Vasari en abuse dans sa *Vie de Léonard*[22]. Il y est d'entrée qualifié de « surnaturel », (dans la version de 1550 « des êtres qui ne représentent pas la seule humanité, mais la divinité elle-même »). Conception d'ailleurs éloignée de celle de Léonard lui-même: « il forma dans son esprit une doctrine si hérétique qu'il ne dépendait plus d'aucune religion, mettant peut-être plus haut le savoir scientifique que la foi chrétienne. » (version 1550). Et qui n'empêche pas Vasari de commencer par le mythe (« Son talent si complet et si puissant lui permettait de résoudre

---

[22]   G. Vasari, *Les vies des meilleurs peintres, sculpteurs et architectes, I, Livre V,* trad. A. Chastel, Actes Sud, 2005,

aisément toutes les difficultés qu'abordait son esprit »)
mais aussi ensuite de l'ébranler: « En réalité, il est
permis de penser qu'un esprit de cette grandeur et de
cette qualité supérieure était paralysé par l'excès de son
ambition. A vouloir toujours excellence après
excellence, perfection après perfection, « l'œuvre était
retardée par le désir » comme dit Pétrarque. »

Ce mythe ébranlé dès l'époque n'est pas le fait
du seul Vasari Ainsi Castiglione: Léonard « méprise
cet art où il excelle, et il s'est mis à apprendre la
philosophie, où il a des concepts si étranges et des
chimères si nouvelles, qu'avec toute la finesse de son
pinceau, il n'arriverait pas à les peindre. ». Ou Serlio:
« sa main n'arrivait pas à la hauteur de son
intelligence[23] ». A confronter avec la hiérarchie des
trois rapports du jugement et de l'œuvre du *Traité de la
peinture*, dans laquelle le troisième rapport « parfait »
affirme à la fois la supériorité du jugement sur l'œuvre
mais une œuvre qui possède par là même « les
perfections ».

Dès son époque, la figure de Léonard contribue
au mythe de l'artiste de la Renaissance mais est déjà
affectée d'une certaine impuissance, d'une limitation.

Un deuxième mythe est la fiction de la femme
fatale et mystérieuse élaborée au XIXe siècle par Th.

---

[23]   Références qu'on trouvera dans A. Chastel et A. Ottino della
Chiesa, *Tout l'œuvre peint de Léonard de Vinci,* Flammarion,
1968.

Gautier et W. Pater:

« *La Joconde* ! Sphinx de beauté qui souris si mystérieusement […] et sembles proposer à l'admiration des siècles une énigme qu'ils n'ont pas encore résolue, un attrait invincible ramène toujours vers toi ! […] cet être étrange avec son regard qui promet des voluptés inconnues et son expression divinement ironique […] Les pénombres de leurs yeux [les figures peintes de Léonard] cachent des secrets interdits aux profanes […]. Quelle fixité inquiétante et quel sardonisme surhumain dans ces prunelles sombres, dans ces lèvres onduleuses comme l'arc de l'Amour après qu'il a décoché le trait! Ne dirait-on pas que la Joconde est l'Isis d'une religion cryptique qui, se croyant seule, entrouvre les plis de son voile, dût l'imprudent qui la surprendrait devenir fou et mourir! Jamais l'idéal féminin n'a revêtu de formes plus inéluctablement séduisantes[24]. »

« Elle est plus vieille que les rochers qui l'entourent; pareille au vampire, elle est morte bien des fois et a connu les secrets de la tombe; […] elle a été Léda, mère d'Hélène de Troie, et elle a été sainte Anne, mère de Marie […][25] »

---

[24]   Th. Gautier, *Guide de l'amateur au Musée du Louvre*, G. Charpentier, 1882.
[25]   W. Pater, *Léonard de Vinci, in The Renaissance, Studies in Art and Poetry,* 1873

Ce mythe de la femme énigmatique, fatale la rend célèbre mais seulement dans la société cultivée.

Enfin le mythe devient populaire par le fameux vol de *La Joconde* du 21 août 1911 qui atteint les classes populaires par le relai quotidien de la presse de masse qui suit l'enquête[26]. Donc par un fait divers et non des raisons artistiques.

Description et esthétique du tableau.

La Joconde n'est pas assise directement devant le paysage, elle est dans une loggia indiquée par le muret portant deux colonnes en très grande partie coupées par les deux bords latéraux[27]. Un dessin de Raphaël, *Portrait de jeune femme* (Louvre) et sa *Dame à la licorne* copient la même composition mais en laissant bien apparaître ces colonnes.

Elle a comme modèle la Madone, dont elle reprend dans le portrait profane la monumentalité, la

---

[26] Pour une information détaillée de la célébrité progressive de la *Joconde,* voir A. Chastel, *L'illustre incomprise, Mona Lisa,* Gallimard, 1988 et D. Sassoon, *Histoires de Joconde*, Ed. S. Bachès, 2007.

[27] Cette double coupure aurait pu indiquer une coupure du panneau de bois, mais ce n'est pas le cas. Voir *Au cœur de la Joconde, Léonard de Vinci décodé,* Gallimard/Musée du Louvre Editions, 2006.

majesté et la familiarité sereine et souriante.[28] La figure a en effet un caractère monumental qui la distingue des autres portraits et produit l'effet d'idole profane. Le modèle religieux est renforcé par la ligne du cercle parfait de la tête détachée du ciel qui échappe au *sfumato* et de manière moins visible, par le voile.

Elle est assise à mi-corps dans un fauteuil, la main droite reposant sur la gauche, celle-ci tenant l'accoudoir. Il y a là plusieurs innovations[29]: les deux mains sur l'accoudoir dépassent la solution traditionnelle du parapet, produisent un effet naturel et élégant, tout en rapprochant le portrait du spectateur. Le portrait joint le mouvement à l'immobilité, « un mouvement immobile[30] » qui anime la figure en marquant quatre étapes d'une torsion, de la position de profil du bras gauche parallèle à l'accoudoir et au plan du tableau, et donc des jambes invisibles, aux yeux de face, perpendiculaires au plan et au spectateur, en passant par le buste de trois quarts et le visage presque de face. Il y a évidemment le sourire particulier, dissymétrique, plus relevé du côté droit (point de vue du spectateur) et estompé par le *sfumato*. Entre le portrait et le paysage, il y a à la fois unité et opposition. Unité par le *sfumato* de la figure et la perspective atmosphérique du paysage, un effet de brume, unité par

---

[28]   C. Scaillièrez, *Léonard de Vinci, La Joconde,* RMN, Louvre, 2003.

[29]   D. Arasse, *Léonard de Vinci*, Hazan, 2011.

[30]   Arasse, *op. cit.*

le dessin sinueux des boucles de la Joconde et du chemin de droite et du lit de la rivière à gauche dans le paysage, unité par la dissymétrie parallèle du sourire et de la ligne d'horizon du paysage plus haute à droite qu'à gauche de la figure. Opposition donnée par deux perspectives différentes, l'une rapprochée de la figure et l'autre, la perspective aérienne du paysage indiquée par une ligne d'horizon très élevée (contrairement à celle, basse des deux œuvres de Raphaël). Et opposition entre une figure qui sourit et un paysage élémentaire, archaïque, géologique, hostile, stérile, sans végétation, qui ne comprend que terre, roches et eau (deux lacs), ce qui le rend contradictoire (de l'eau et pas de de végétation) et contraire aux visées scientifiques de Léonard (ce paysage qui répond aux intérêts géologiques de Léonard comprend une contradiction scientifique élémentaire[31]), et dont la seule trace humaine est curieusement un pont.

Le tableau est caractérisé par le *sfumato* qui estompe les lignes et contours, qui crée comme un voile, un effet filtré ou tamisé et donne presque l'effet d'une vision[32] et éloigne le portrait, crée un mystère et un coloris dominé par les ocres et les bruns, y compris

---

[31]   Ce qui fait qu'on ne peut pas dire, comme le font les commentateurs qui relient ce paysage aux intérêts scientifiques géologiques de Léonard, qu'il s'agit d'un paysage géologique scientifique.

[32]   C. Scailliérez, op.cit. L'auteur note ici l'influence décisive des dessins de Pisanello.

jusque dans le paysage[33].

Selon D. Arasse, le sourire de *La Joconde* aurait été originairement celui de Lisa en tant que « mère comblée[34] » et adressée à son époux. Remarquons ici que le sourire aurait alors été naturel alors qu'il est entièrement artificiel. Mona Lisa ne sourit pas naturellement, il faut l'artifice des musiciens et bouffons selon Vasari. Mais il peut s'agir d'une fable rapportée ou inventée par Vasari. Selon Arasse, ce sourire aurait ensuite progressivement été travaillé, notamment par le *sfumato* qui l'estompe, le rend plus fragile, fugace, moins présent, de manière à manifester le temps qui passe, « du Temps destructeur de toutes choses » et il interprète le pont du paysage selon le même sens allégorique. La *Joconde* serait donc une *Vanité* mais dans le genre du portrait.

L'identité de La Joconde.

S'agissant d'un portrait, on ne peut en analyser le sens et la valeur sans interroger l'identité du modèle. Et il y a là quelques difficultés.

Tout d'abord il faut préciser qu'il n'y a aucune mention de la *Joconde* dans les textes de Léonard (qui a pourtant beaucoup écrit[35]) et qu'il n'existe aucune

---

33   Ibid.
34   Arasse, op. cit., de même pour la citation suivante.
35   Ce silence est d'autant plus étonnant qu'il s'agit d'un

trace d'un contrat pour ce tableau.

Il faut donc partir de sources indirectes, mais qui sont toutes problématiques.

On se limitera à trois sources essentielles.

Tout d'abord le texte de Vasari. Il faut citer le passage entier:

« Léonard se chargea, pour Francesco del Giocondo, du portrait de Mona Lisa, son épouse; et ayant peiné dessus pendant quatre ans, le laissa inachevé; cette œuvre est aujourd'hui chez le roi François de France à fontainebleau. Dans ce visage, qui voulait voir combien l'art peut imiter la nature pouvait aisément le comprendre; parce qu'y étaient contrefaits les moindres détails qui se peuvent peindre avec subtilité: les yeux y avaient cet éclat et cette humidité qui se voient sans cesse dans la vie; et autour de ceux-ci, toutes les nuances de chair rougis ou pâles et les cils, qu'on peut faire sans une extrême subtilité; l'implantation des cils [ou sourcils], épais par endroits et plus rares à d'autres, ne pouvait être plus naturelle; le nez, avec ses narines roses et délicates, semblait vivant; la bouche, avec sa fente et le passage fondu de l'incarnat des lèvres à celui du visage, paraissait vraiment de chair et non de couleur; qui regardait le creux de la gorge y voyait le battement des veines et en vérité on peut dire qu'elle fut peinte d'une manière à

---

tableau qui s'éloignerait progressivement du portrait et du modèle original, ce qui est peu banal et dont on pouvait donc attendre quelques réflexions ou raisons écrites.

faire trembler tout grand artiste, quel qu'il soit. Et il employa encore cet art: Mona Lisa étant très belle, il conviait, tandis qu'il faisait son portrait, des gens à jouer de la musique ou à chanter, et sans cesse des bouffons qui la maintenaient joyeuse pour éviter de cette façon la mélancolie que la seule peinture donnent aux portraits qui se font; et dans celui de léonard il y avait un sourire narquois tellement agréable que c'était chose divine plutôt qu'humaine à voir, et elle était tenue pour une chose merveilleuse, sans différence avec la vie[36]. »

Description étonnante et comme le dit bien Chastel, « l'incroyable *Mona Lisa* évoquée par ouï-dire par un maître écrivain qui ne l'avait jamais vue[37] ».

Le texte de Vasari souligne bien le sourire propre au tableau et semble donc permettre d'identifier le modèle. Mais, outre que Vasari n'est pas toujours certain et qu'il n'a pas vu le tableau, il s'agit d'une information indirecte. Son texte comprend les difficultés suivantes pour cette identification: il tait des éléments essentiels du tableau: aucune mention ni des mains, ni de la *loggia,* ni surtout du paysage, ce dernier pourtant important et singulier. Aucune mention de l'absence de bijoux, pourtant inhabituelle. Ensuite il y a divergence: il mentionne cils et sourcils, précisément absents dans ce portrait. Il y a enfin une difficulté

---

[36]   Vasari, *op. cit.,* trad. C. Scailliérez.
[37]   *Introduction à la Vie de Léonard de Vinci, in Vasari, op. cit.*

interne au texte: le sourire particulier, narquois ne correspond pas au caractère du sourire que devrait produire les « chanteurs, musiciens et bouffons » dans l'atelier de Léonard lors de la pose du modèle, à savoir un sourire heureux, enjoué. De plus, dans le cas d'un portrait de Lisa (ou de toute autre femme), de qui et de quoi se moquerait-elle?

Néanmoins, dès lors qu'on reconnaîtrait que *La Joconde* a bien ce sourire particulier moqueur, ce serait justement l'indice le plus sérieux du passage de Vasari pour identifier le modèle comme Lisa.

Aux difficultés du texte de Vasari il faut ajouter les difficultés suivantes:

Déjà indiquées, l'absence de livraison du tableau à Francesco del Giocondo (ce qui est très étrange pour un portrait commandé) et l'absence de toute trace de contrat et de paiement. Puisqu'il y a paysage, on attendait un paysage local en rapport avec le portrait. Le paysage n'est pas un paysage de Toscane. On a pu identifier par ses lacs et montagnes un paysage milanais[38], mais l'absence de végétation rend les choses encore plus complexes. De plus ce

---

[38] D. Arasse a découvert qu'un dessin géologique de Léonard d'une contrée près de Florence comportant deux lacs correspond à ceux du paysage de la *Joconde*. On aurait donc la preuve qu'il s'agit d'une dame florentine et donc de Lisa. Mais s'il s'agit bien d'un paysage géologique florentin, on ne voit toujours pas ce que ce paysage bien antérieur aurait à voir avec Lisa del Giocondo. D'où la solution d'Arasse qui conçoit le tableau comme évolutif, partant d'un portrait pour aboutir à une Vanité.

paysage est aride et stérile et ne convient pas un portrait, de surcroît à celui de la femme d'un riche commerçant[39]. Enfin *La Joconde* n'a pas de bijoux malgré son riche mari[40].

Une deuxième source est un texte capital, car il fait parler directement Léonard. Il s'agit du récit d'Antonio de Béatis de la rencontre du cardinal d'Aragon et de Léonard qui mentionne en personne quatre tableaux: une *Vierge à l'Enfant avec sainte Anne*, un *Saint jean Baptiste* et deux portraits: chez le peintre « une certaine dame florentine faite d'après nature à la demande de feu Julien de Médicis le Magnifique » et chez le roi à Blois une « certaine dame de Lombardie, d'après nature, très belle, mais pas à mon avis pas autant que la Signora. » Béatis a ensuite ajouté dans la marge le prénom: « S.ra Isabella Gualanda. » Le problème ici est évidemment que Léonard ne parle ni de Lisa ni de la *Joconde*. D'où deux solutions qui divisent les historiens de l'art: ou le tableau du Louvre représente cette femme florentine en relation avec Julien de Médicis et non Lisa. Ou le tableau pour Julien est un tableau différent de Mona Lisa, et dans cette discussion Léonard ne parle pas de

---

[39]   D. Arasse, *Léonard de Vinci*, Hazan, 2011.
[40]   S'il s'agit bien d'un portrait de Lisa di Noldo Gherardini, comme le pense avec certitude D. Arasse, il est, de toute façon, selon le même auteur, un portrait transformé ou idéalisé car Lisa devait ressembler davantage à la copie dessinée par Raphaël faite à la première phase de la *Joconde* (D. Arasse, *op. cit.*)

ce dernier tableau.

La dernière source qu'on retiendra ici est celle du peintre et théoricien Lomazzo. Trois textes dont le plus important est celui du *Traité des arts de la peinture, sculpture et architecture* (1584): « les portraits de la main de Léonard ornés en manière de printemps, comme le portrait de la Gioconda et de Monna Lisa, dans lesquels il a exprimé, entre autres, merveilleusement la bouche en train de rire. »

Lomazzo distingue Mona Lisa et Gioconda comme deux tableaux et il ajoute l'élément important de la « manière de printemps », c'est-à-dire une *Flore* ou une *Vénus,* souriantes.

Cette source nous mène à la série de *Joconde nue,* faites à partir d'un original perdu de Léonard. On a donc affaire à deux *Joconde.*

En conclusion, l'identification pose problème, y compris pour ceux qui retiennent Mona Lisa. Comme le dit par exemple C. Scailliérez, « aucune des sources n'est parfaite », y compris donc celle de Vasari qu'elle privilégie néanmoins: « (…) c'est en fin de compte l'hypothèse à la fois la plus simple et la plus solide (…). ». On voit que le passage de l'hypothèse à la certitude reste délicat. D'autant plus que l'auteur pense pouvoir s'appuyer essentiellement, d'une part, sur le critère stylistique (« (…) elle [cette hypothèse] a le mérite de concilier (…), surtout, les caractéristiques stylistiques », critère qui n'est pourtant pas le plus objectif ou scientifique. Et d'autre part sur un emploi onomastique du sourire.

Mais le sourire de la figure ne semble pas totalement décisif en la matière. C. Scailliérez rappelle la tradition des portraits avec attributs personnels, dans laquelle s'inscrit Léonard avec le *Portrait de Ginevra Benci*, où la figure est située devant un buisson de genévrier qui renvoie à son prénom. La *Joconde* achèverait cette tradition en remplaçant l'attribut personnel matériel par un attribut personnel psychologique ou spirituel qu'est le sourire. Il renverrait au sens commun de son nom, bonheur, sérénité, *giocondo,* et donc en même temps à son sens propre, individuel, civil, *Giocondo.* Et par là-même on aurait la confirmation attendue de l'identité de la figure comme celle de Lisa del Giocondo. « La *Joconde* offre donc la forme la plus subtile du portrait onomastique[41] ». Et Vasari confirmerait indirectement l'identité giocondo - Giocondo par la scène des bouffons et musiciens.

Cette analyse très remarquable n'est cependant pas plus décisive que les preuves précédentes. Deux éléments que C. Scailliérez pense compatibles me semblent, au contraire, impliquer des difficultés. D'une part le sourire est une obsession de Léonard à cette époque (*Vierge à l'enfant avec sainte Anne, Saint jean*

---

[41]   C. Scailliérez, op. cit.

Baptiste et la *Léda),* ce qui relativise fortement le caractère individuel, au sens d'identification, du sourire de *La Joconde.* Et d'autre part, selon Vasari lui-même, ce sourire n'est pas de l'espèce du bonheur, de la gaîté, de la satisfaction, mais de l'espèce de la moquerie, de l'ironie (*ghigno*). Peut-il exister un sourire à fois heureux et moqueur?

Il est d'ailleurs difficile, comme pour beaucoup de portraits, de décrire l'état psychologique *exact* de la *Joconde.* L'effet de sérénité est au moins contrebalancé par la stérilité du paysage. On a un effet de présence donné par le caractère monumental et frontal de la figure et en même temps affecté par un retrait donné par le *sfumato*, l'absence d'éléments réels (sourcils), l'inachèvement partiel du tableau (dans le paysage, entre l'épaule gauche et le bord) et l'union intime de la figure au paysage.

Le sourire participe de cette complexité ou ambiguïté ou contradiction. On a un sourire, par définition fugitif, mais en même temps intemporel. On a un sourire qui n'appelle pas le sourire, qui maintient la distance.

Il reste en définitive que l'argument le plus fort en faveur de Lisa n'est pas dans les textes, mais est le dessin de Raphaël *Portrait de jeune femme* du Louvre fait à Florence à l'époque de la *Joconde* en tant que portrait.

On peut donc dire que, quel que soit l'identité du modèle, *La Joconde* est un portrait qui excède son genre. Le sens du tableau ne se laisse pas limiter à l'identité civile, sociale du modèle, comme l'affirme justement C. Scailliérez, mais pas plus, semble-t-il, à l'identité psychologique du modèle. Quel que soit l'identité du modèle, on a affaire à un tableau qui excède largement le genre du portrait.

Enfin on peut se demander si la *Joconde nue* ne rend pas le tableau encore plus complexe. Il faut tout de même se demander pourquoi Léonard fait une *Vénus nue* à partir de la *Joconde* ou sur le modèle de la *Joconde*. Pourquoi n'a-t-il pas conçu telle figure ou femme érotique, mais précisément une *Joconde* érotique? Pourquoi relie-t-il la *Vénus nue* à la *Joconde*? Si la filiation de la *Joconde* à la *Joconde nue* est claire, n'y a-t-il pas par là-même une réciprocité? Est-ce que la *Vénus nue*, à partir du moment où elle a comme origine et modèle *La Joconde*, n'impliquerait pas un rapport, en particulier d'opposition, à *La Joconde*? Par exemple, l'opposition entre la fécondité de la Vénus Flore donnée par le paysage et la stérilité du paysage de *La Joconde*? Donc entre l'amour sexuel et l'impuissance ou la mort. C'est pourquoi il y a association, dans le paysage de *La Joconde,* d'une stérilité générale et d'un fragment laissé volontairement inachevé. Eléments négatifs qui seraient alors l'objet du sourire ironique. Comme le disait Vasari, l'excellence a pour condition ou réciprocité une certaine paralysie. Il ne reste qu'à en sourire.

Une jeune fille vous regarde.
Vermeer, *La jeune fille à la perle*.

C'est un tableau très célèbre qui rivalise avec la *Joconde,* il est d'ailleurs surnommé la « *Joconde du Nord.* »

Description

Il s'agit, sur un fond sombre et neutre, d'une jeune fille, coiffée de manière exotique à la turque, qui vient de tourner la tête et regarde de manière interrogative le spectateur.

« Tronie »

Le sujet appartient à un genre commun de la peinture hollandaise du XVIIe siècle nommé « *tronie* », du français « trogne » qui consiste dans une figure à la fois individualisée, exotique et anonyme. Il ne s'agit donc ni d'un portrait, qui implique un nom, ni d'une figure mythologique (muse, etc.), ni d'une figure allégorique[42]. Il n'y a pas d'attribut en ce sens. On a

---

[42] Mais on peut, comme le propose Jan Blanc, rapprocher ce portrait du type des Sibylles lorsque ce type devient un modèle de

évidemment recherché le nom du modèle, en vain semble-t-il (l'identification à Maria, la fille aînée de Vermeer, proposée par Malraux est rejetée par des spécialistes pour des raisons de datation stylistique).

La jeune fille.

Il ne faut surtout pas négliger le modèle en tant que tel pour l'effet du tableau. En effet la figure a des qualités propres indépendamment de l'art de Vermeer: des qualités de jeunesse, de beauté et de grâce[43]. Un autre modèle dans la même attitude et avec la même exécution n'aurait sans doute pas produit le même effet. Cela devient plus sensible si l'on compare ce tableau au *Portrait de jeune femme* du *Metropolitan*: même format à peu près, même fond uniforme sombre, même genre exotique (turban turc mais habit plutôt antique), attitude proche, exécution qui a de nombreux points communs, à commencer par les rehauts blancs qui animent les yeux des deux jeunes filles. Mais le modèle du *Metropolitan* n'a pas, et de très loin, la séduction physique de la *Jeune fille à la perle,* ce qui diminue beaucoup l'effet du tableau[44]. Remarquons ici

---

beauté féminine (Jan Blanc, *Vermeer, la fabrique de la gloire,* Citadelles & Mazenod, 2014).

[43]   On peut distinguer comme le fait Félibien la beauté comme corporelle et la grâce comme celle d'une certaine animation ou d'un certain mouvement du corps (*Entretiens sur les Vies et les Ouvrages des plus excellents Peintres anciens et modernes,* 1666-1688).

[44]   Celui qui a reconstitué la vie de Vermeer, M. Monthias,

qu'un grand peintre peut produire des tableaux de valeur très inégale (ce qui complique fortement les attributions). Mais d'un autre côté, au regard des points communs entre les deux tableaux, il semble que Vermeer accorde en quelque sorte un intérêt égal à la beauté et à la disgrâce[45], ce qui est important pour tenter de comprendre son art.

Cette séduction spécifique de la jeune fille, et non du tableau, est confirmée en particulier par une confidence de l'historien de l'art Daniel Arasse: « un tableau […] qui m'a toujours plu, c'est *La jeune fille à la perle*, d'une beauté et d'une douceur qui, quand j'avais quinze ans, me rendaient amoureux, de la jeune fille *mais pas du tableau* [je souligne], c'était très étrange[46]. » Et en effet, lorsqu'il donne la liste de ses

---

parle de « fille prognathe aux yeux largement écartés », caractères très singuliers dont il conclut qu'il ne peut s'agir que d'un portrait. La question de ce tableau est celle de la liaison déconcertante de l'exotisme à un physique ingrat.

[45] On sait que la beauté et la grâce du visage féminin ne sont pas des critères décisifs dans la peinture hollandaise du XVIIe siècle. Si bien que les tableaux de Vermeer présentent en général des visages plutôt ordinaires qui sont la règle de cette peinture, mais transfigurés par son art. Cependant d'une part on trouve des visages plus plaisants (par exemple celui de la jeune fille de *La leçon de musique interrompue* (New York, Coll. Frick) et d'autre part le *Portrait de jeune femme* du Metropolitan n'est pas le seul visage féminin disgracieux. Par exemple le sourire de la *Femme buvant avec deux hommes* (Brunswick) accentue l'aspect désagréable de son visage (sous réserve d'une restauration maladroite).

[46] D. Arasse, *Histoire de peintures*, Gallimard, 2006, chap.

tableaux préférés, on ne le trouve pas: *La madone Sixtine, la Joconde, Le verrou, L'Origine du monde* et *La Danse (*de Matisse)[47]. La jeune fille de Vermeer possède un type de beauté particulier, où entre un mélange de jeunesse et de spontanéité, de régularité des traits, de douceur et d'intensité d'expression, de pudeur (le turban), plus, de pureté (le visage) et de sensualité. La qualité du tableau vient donc tout d'abord du modèle. A retenir contre l'idéologie formaliste moderne, fumeuse, qui voudrait ramener la peinture à elle-même.

On peut se demander quelle relation avait Vermeer avec un tel modèle[48].

Mais bien sûr il n'y a pas que la jeune fille.

L'harmonie des contraires.

Il y a ensuite quelque chose de mixte, appartenant autant à la jeune fille qu'à sa fixation par Vermeer. Ce mixte unifie de manière harmonique des qualités opposées: fugitivité[49] et présence, la forte présence[50] donnée en particulier par la position proche

---

Vermeer fin et flou.

[47]   Arasse, op. cit,, chap. « Le tableau préféré ».
[48]   Gary Scharz, *Vermeer par le détail,* Hazan, 2017, trad. M.-F. Dispa.
[49] Fugitivité extrême qui va jusqu'à « un effet de « flou », de « bougé » photographique (Jan Blanc, *op. cit.*).
[50]   « […] la sensation d'une présence » (A Wheelock Jr. et Ben Broos*, in Johannes Vermeer,* Flammarion, 1996).

du plan du tableau et l'animation du visage, regard et bouche entrouverte. L'instant fugitif du mouvement de tête et de la confrontation du modèle et du peintre est saisi de manière *quasi* intemporelle. Pureté et sensualité forte[51]. Individualité et idéalisation[52] Présence et absence: la chevelure, attribut féminin pourtant essentiel, est voilée. L'opposition entre la vie, l'animation du visage donné par l'intensité du regard, la bouche entrouverte et une certaine abstraction dans le fond et les vêtements non détaillés. Le rapport intime qu'elle instaure avec le spectateur -et le peintre- et une distance donnée par l'avancée de l'épaule gauche qui situe le visage au second plan et la chevelure

---

[51] Jan Blanc approfondit la sensualité directe de la bouche entrouverte et des lèvres humides (« le thème du baiser », « la salive des femmes voluptueuses », le mot « lèvres » qui « renvoie analogiquement aux parties du corps féminin » et laisse entendre leur humidité commune) et ajoute le mouvement plus codé de la figure comme « représentation typique du désir amoureux, voire sexuel ». Il note aussi le caractère trouble du turban qui cache pour indiquer. (*Op. cit.*)

[52] Jan Blanc accentue fortement l'idéalisation au détriment de l'individuel: « […] elle est idéalisée […] stéréotypée. Elle est irrésistible parce qu'elle est une beauté de clichés […]. Loin d'être fortement individualisés, ses traits semblent au contraire brouillés par Vermeer, comme s'il s'agissait d'éliminer les signes pouvant participer d'une reconnaissance physique ou sociale de la figure. » (*Op. cit.*) C'est donc essentiellement l'instant et le rendu matériel qui rendraient vivante l'idéalisation, sans passer par la médiation du modèle particulier. Au contraire à mon sens l'idéalisation part du caractère individuel du modèle, en particulier de sa jeunesse et de son expression ou animation propres. Sinon cette idéalisation ne pourrait être aussi vivante.

dissimulée. L'interaction de la lumière et la matière médiatisée par la figure. Une individualité mais idéalisée dans un décor impersonnel, une spontanéité mais un déguisement, une pureté mais sensuelle.

La perle.

La jeune fille à la perle est mal nommée, car son bijou n'est pas une perle. Pour une raison sociale, sa dimension indiquerait une personne très riche. Et pour une raison matérielle, le reflet de la perle est diffus contrairement à notre double reflet qui est net. S'il est certain qu'il n'y a pas de perle, la matière reste discutée: verre de Venise pour le Mauritshuis, fausse perle en écailles de poissons pour Alexandra Gaba van-Dongen (du musée Bojmans van Beuningen), argent ou étain poli (Vincent Icke)[53]

Comme on ne peut que le remarquer, la « perle» est le point central de la composition. Elle comprend désormais un double reflet, au lieu de trois avant la dernière restauration[54]. Un grand reflet en

---

[53]   Interprétations recensées par G. Schwarz, *op. cit.* Il faut ajouter la perle de verre proposée par K. Schütz (Vermeer, *L'Œuvre complet*, Taschen, 2017).

[54]   En fait un faux reflet dû à une écaille à l'envers mal placée par un restaurateur précédent. Voir Jorgen Wadum (dir.), *Vermeer en plein jour: rapports de conservation-restauration de la Vue de Delft et de La jeune fille à la perle peints par Johannes Vermeer*, Mauritshuis, La Haye, V + K Publishing / Inmerc, Naarden, 1995.

forme de larme verticale et un reflet plus petit et atténué en larme horizontale qui reflète le col blanc. Ces reflets inertes redoublent les reflets animés des yeux, de la bouche et des dents.

La coiffure.

La coiffure à la turque n'est pas originale, elle appartient à un genre connu depuis le XVIe siècle dans la peinture hollandaise. Mais on a remarqué que la version ici, pendant jaune contour bleu, est unique.
Ce déguisement exotique nous dissimule, comme on l'a dit, les cheveux de la jeune fille, attribut féminin fort[55].

La couleur.
Laissons parler ici van Gogh: « la palette de cet étrange artiste comprend le bleu, le jaune citron, le gris perle, le noir et le blanc. […] mais assembler le jaune citron, le bleu éteint et le gris clair est chez lui aussi caractéristique que chez Vélasquez d'harmoniser le noir, le blanc, le gris et le rose […][56]. »

La technique.

---

[55]   Souvent mis en valeur et qui peut devenir obsessionnel chez certains peintres comme Rossetti.
[56]   Lettre à Emile Bernard, 1877.

La technique du tableau est originale et ne correspond pas à celles des peintres hollandais contemporains: ni finie ou léchée comme Franz van Mieris ou Gérard Dou, ni relâchée comme Franz Hals, etc. Il y a cependant une forte influence de Carel Fabritius.

Sa technique comprend plusieurs modalités: premièrement, une touche peu travaillée qui en reste à l'esquisse avec contraste heurté des tons, par exemple dans l'ensemble de la veste et dans le turban bleu. Puis une facture large, uniforme, évitant les détails: le visage sans cernes, des sourcils si fins qu'ils paraissent invisibles. On a particulièrement remarqué l'absence frappante de la ligne du nez. Ensuite un *sfumato* qui donne un modelé très délicat et une ligne atmosphérique, estompée qui suit et atténue le contour autrement tranchant du visage avec le fond. Enfin des contrastes puissants et des accents pointillistes de lumière qui produisent une présence et une animation. Ces quatre modalités sont utilisées dans une harmonie *quasi* parfaite, et qui fait que les tableaux des autres peintres qui privilégient l'une ou l'autre de ses composantes semblent incomplets. Ainsi la portraits de Hals sont vivants mais en renvoyant trop à l'esquisse, la peinture finie de Dou est bien virtuose mais au détriment de la puissance, le *sfumato* trop privilégié de Léonard atteint le mystère mais au détriment du relief et de la vie (malgré Vasari et, paradoxalement Léonard lui-même lorsqu'il affirme le « relief » comme critère premier de la peinture).

Malgré la mise en scène de l'*Allégorie de la peinture* (Vienne, Kunsthistorisches Museum), où on a le moment de l'esquisse par le dessin, Vermeer semble procéder sans dessin préalable. On n'a d'ailleurs retrouvé aucun dessin de lui.
Cependant la technique scientifique moderne (microscope stéréoscopique) a trouvé, lors de la dernière restauration, « *peut-être* [je souligne] une esquisse comme dessin en ocre claire[57] » sous *La jeune fille à la perle.*

Reste la question de la *camera obscura.*
Des indices forts semblent indiquer son utilisation par Vermeer: l'absence de dessin (s'il est démontré), les détails précis et les détails flous, les gouttes de lumière propres à une lentille, le résultat d'ensemble. On a comparé les tableaux de Vermeer à des photos produites à l'aide de la *camera obscura,* et il y a une forte ressemblance.
Néanmoins d'autres indices posent problème: 13 tableaux de Vermeer comprennent des trous d'épingle au point de fuite et indiquent donc une construction manuelle de la perspective (à l'aide d'un fil enduit de craie fixé au clou et tendu sur la toile, laissant la trace de la craie). Les effets propres à l'instrument ne se situent pas aux endroits prévus. Par

---

[57]   Jorgen Wadum, *op. cit.*

ailleurs, selon K. Schütz[58], des essais ont montré qu'un transfert d'intérieurs de Vermeer de la taille des tableaux n'est pas possible avec une *camera obscura* du XVIIe s.

Vermeer et Michael Sweerts

On a remarqué une proximité de *La jeune fille à la perle* avec des *tronies* masculins de Michael Sweerts, peintre flamand contemporain: au-delà du genre commun exotique (turban), même fond sombre uniforme, mêmes yeux humides et animés, même dignité classique.[59]

Une dignité triviale sans séduction féminine. L'*Olympia* de Manet.

« L'acte de procréation, et tout ce qui s'y relie, est si répugnant que les humains finiraient bientôt par s'éteindre s'il ne s'agissait là d'une coutume transmise de tout temps et s'il n'y avait pas encore de jolis visages et des prédispositions sensuelles. »

Léonard de Vinci

« Une des premières qualités de l'art, la principale peut-

---

[58] *Op. cit.*
[59] A Wheelock Jr. et Ben Broos, op. cit.

être, est la chasteté. [...]. . Les *Vénus* de Titien [...] sont chastes. [...]. . Ce sont des déesses, et elles n'ont rien des provocations de la femme. [...] C'est donc avec peine que nous voyons les peintres s'engager dans les erreurs qui les ont tentés aujourd'hui, car, une fois entraînée sur cette pente, la peinture en arrivera promptement [...] à des œuvres qui n'ont plus de nom dans la langue honnête. [...] L'art ne doit pas avoir plus de sexe que les mathématiques [...]. L'être nu est l'être abstrait, il doit donc avant tout préoccuper et tenter l'artiste; mais vêtir le nu d'impudeur, rassembler dans les traits du visage toutes les expressions qu'on ne dit pas, c'est déshonorer le nu et faire acte blâmable. »

Maxime Du Camp, *Salon de 1863*

«[...] il faut être malade pour sentir érotiquement une œuvre d'art, si elle est belle. Aucun voile ne cache tant la chair que la beauté; être beau c'est appartenir à un troisième sexe [...]. »

Péladan, *De l'androgyne. Théorie plastique.*

« Primitivement la « beauté » et le « charme » sont des attributs de l'objet sexuel. Il y a lieu de remarquer que les organes génitaux en eux-mêmes, dont la vue est toujours excitante, ne sont pourtant presque jamais considérés comme beaux. En revanche, un caractère de beauté s'attache, semble-t-il, à certains signes sexuels secondaires. »

Freud, *Malaise dans la civilisation*

« Les organes génitaux sont la beauté. »

William Blake, *Le mariage du ciel et de l'enfer.*

L'*Olympia* n'est pas un tableau isolé, elle est un nu féminin exposée en relation avec un nu masculin, *Jésus insulté par les soldats,* au *Salon de 1865.* De plus, réalisée en 1863, elle est conçue « comme une sorte de complément[60] » au *Déjeuner sur l'herbe.*

Le scandale.

L'*Olympia,* en concurrence avec le *Déjeuner sur l'herbe,* a été un sommet dans l'histoire des scandales de la peinture[61]. Néanmoins dans ce contexte il faut rappeler le cas Whistler[62].

Pourquoi une telle indignation? On peut distinguer quatre raisons à partir du témoignage de Duret. Remarquons que le scandale porte sur les deux tableaux de 1865[63]. On ne peut donc pas isoler le seul

---

[60]   Théodore Duret, *Histoire d'Edouard Manet et de son œuvre,* Bernheim-Jeune et Cie, 1919.
[61]   « Si la toile de *l'Olympia* ne fut pas lacérée et crevée, ce fut grâce aux précautions prises par l'administration du Salon de i865. » (A. Proust, *Edouard Manet, souvenirs,* H. Laurens, 1913).
[62]   « L'artiste qui, *après* M. Whistler, soulève le plus de discussions est M. Manet. » (Thoré-Bürger, *Salon de 1863,* je souligne).
[63]   « Les deux tableaux de Manet attiraient les visiteurs au Salon par une sorte de fascination violente, comme le rouge les

thème et traitement du nu féminin. D'autant moins que
dans l'*Olympia* le chat noir subit paradoxalement le
même traitement que le nu, ce qui étonne les partisans
du peintre: «Mais ce qui paraît maintenant étonnant, ce
qu'on ne voudrait croire, si le fait n'était certain, c'est
qu'un être tout à fait épisodique, dû à une fantaisie
d'artiste, le chat noir, devenait lui aussi le sujet
d'invectives particulières, s'ajoutant, pour faire
repousser l'œuvre, à toutes les autres[64]. ». Selon Duret,
ce chat n'a aucun sens iconologique. Trois raisons
différentes expliquent sa présence: l'amour de Manet
pour les chats, la pure fantaisie, enfin la raison
purement picturale de la mise en relief du blanc par du
noir[65]. Duret légitime à juste titre le registre fantaisiste
par la tradition et l'exemple du *Couronnement de
Marie de Médicis* de Rubens. On peut ajouter le clin
d'œil à l'ami et critique Baudelaire et la dimension
sexuelle repérée dès l'exposition. Enfin rappelons que
ce chat n'est pas tout à fait contemporain de la scène
car ajouté après-coup.

---

taureaux ou le miroir les alouettes. » (Duret, *op. cit.*)

[64]   Duret, *op. cit.*

[65]   « Manet qui aimait beaucoup les chats avait introduit un
chat dans le tableau, par fantaisie, pour le pittoresque et aussi pour
avoir un ton noir tranché qui rehaussait, pair le contraste, les tons
blancs et roses dominants par ailleurs [...] les bourgeois parisiens
trouvaient eux fort mauvais qu'un chat fût placé sur le lit d'une
femme. Le chat noir de l'*Olympia* fut connu et honni de toute la
ville. La caricature s'en empara et son gros dos et sa longue queue
ont longtemps fourni matière aux rires et aux lazzis. » (Duret, *op.
cit.*)

L'originalité méconnue.

Une première raison est celle, désormais toujours répétée, du peintre original méconnu. Duret rappelle que c'est une constance du siècle qu'ont connue Delacroix, Rousseau, Corot, Courbet, mais aussi Ingres. Et donc Manet.

Un nouveau public

La deuxième raison est nouvelle car sociologique et elle seule explique l'ampleur sans précédent du scandale. C'est avec Manet que pour la première fois on passe d'un public averti et professionnel mais restreint (peintres, critiques, connaisseurs et le beau monde) au grand public (lequel de plus suit le goût institutionnel), par l'agrandissement du lieu d'exposition (du Salon carré du Louvre au Grand Palais (1855)) et l'annualité des expositions. L'augmentation du nombre amplifie mécaniquement l'ampleur du scandale, d'autant plus que Duret voit bien la conséquence psychologique de cette nouvelle donnée sociologique, la contagion hystérique collective[66] . Il s'agit du premier scandale artistique

---

[66] « Ce n'étaient point en effet de paisibles spectateurs regardant comme d'habitude, avec plus ou moins d'intérêt, des œuvres dignes, à un titre quelconque, d'attention C'étaient des gens qui exprimaient à haute voix leur horreur et éprouvaient le besoin de se communiquer les uns les autres leur colère, comme il arrive

populaire. Manet est non seulement insulté par la critique érudite, il est insulté par le grand public, et ce non seulement dans l'exposition, mais dans sa vie quotidienne, au café, dans la rue. Il faut ajouter dans ce déterminisme sociologique, comme l'a bien vu Bourdieu dans son *Manet*, la naissance d'une classe moyenne petite-bourgeoise éduquée mais bohème (sans débouché professionnel par les Lettres), l'expansion du journalisme et de la critique artistique, enfin l'important intérêt commun des littérateurs et des peintres. Le caractère superlatif du scandale des deux tableaux n'est donc pas d'ordre artistique mais sociologique.

Le nu féminin et les deux traditions.

Troisième raison, le sujet.

D'abord le thème général de la femme nue.

Le nu féminin en soi ne pose pas problème, il s'agit au contraire d'un sujet essentiel de la tradition. Un chose fondamentale qu'il faut souligner, c'est qu'il existe deux traditions concurrentes, l'une idéalisant sur le modèle grec[67] et l'autre réaliste et moderne. La

---

sur la place publique, lorsqu'au moment des grandes émotions les passants s'attroupaient et vociférent ensemble. Pas une parole d'approbation ou de simple tolérance ne s'élevait. L'hostilité était générale. »

[67] Rappelons cependant que c'est dans la peinture et la sculpture grecques que commence cette concurrence réaliste de la peinture de genre. « C'est ici le lieu d'ajouter les artistes qui se sont rendus célèbres par le pinceau dans un genre moins relevé. De ce nombre fut Piraïkos […]. Je ne sais s'il s'est fait tort par le choix

première domine institutionnellement à Paris à l'époque de Manet et tend vers une domination exclusive (d'où les expositions individuelles de Courbet et Manet, le *Salon des refusés* et les expositions collectives des « impressionnistes »). Cette esthétique permet le nu, mais élevé par le sujet (mythologique ou religieux, la déesse, la nymphe), et par l'idéalisation esthétique, c'est-à-dire une distinction ou une élégance esthétique et une virtuosité technique. Cette élévation produit le nu beau et « chaste » mais n'interdit nullement un beau nu séducteur ou érotique[68]. Dans ce cas l'idéalisation n'est pas une censure du sexuel mais au contraire son alibi. Le problème esthétique de cet idéalisme dont la version extrême est le néo-classique est celui d'une beauté trop intemporelle, non contemporaine et d'un manque de réalisme, de présence, de vie. Mais cet idéalisme peut aussi être vénitien et comprendre la médiation d'un

---

de ses sujets ; toujours est-il que, se bornant à des sujets humbles, il n'en a pas moins, dans leur bassesse même, obtenu la plus grande gloire. On a de lui des boutiques de barbiers et de cordonniers, des ânes, des provisions de cuisine et autres choses semblables, ce qui le fit surnommer le *rhyparographe*. Ses tableaux font un plaisir infini et ils se sont vendus plus cher que de très grandes œuvres de beaucoup d'artistes. » Pline, *Histoire naturelle, in A. Reinach, La peinture ancienne, textes et grecs et latins,* Macula, 1991.

[68]   Cependant la turpitude des dieux païens sera aussi l'objet de condamnations, d'abord dès l'origine par l'Eglise, ensuite, notamment au XIXe siècle, par une morale et une science laïques, ce qui fait de la mythologie une caution ambigüe. Seule la distinction esthétique reste indiscutable.

sensualisme des couleurs et du clair obscur.

Le problème fondamental de ces deux traditions est celui des défauts des qualités. L'une produit la présence, le naturel, le vivant mais au détriment du style, l'autre la distinction mais au détriment de la présence. Il me semble que seul Vermeer (Vélasquez dans ses meilleurs moments) parvienne à une présence distinguée totalement équilibrée, c'est-à-dire sans sacrifice de l'une par l'autre (Léonard sacrifie encore trop la présence à la distinction par le subtil *sfumato*). Une page du *Journal* de Delacroix indique la sidération du peintre devant la présence de nus photographiques qui éclipse totalement le nu idéal artistique. Il les montre à deux amis: « […] après avoir examiné ces photographies qui reproduisent des modèles nus, dont quelques-unes étaient d'une nature pauvre […] je leur ai mis sous les yeux les gravures de Marc-Antoine. Nous avons éprouvé un sentiment de répulsion et presque de dégoût, pour l'incorrection, la manière, le peu de naturel, malgré la qualité du style, la seule qu'on peut admirer, mais que nous n'admirions plus en ce moment[69]. »

Le nu de Manet fait scandale parce qu'il refuse la tradition officielle dominante, le mythologique et son idéal. Mais il s'inscrit dans une deuxième tradition qu'on peut nommer réaliste, moderne, contemporaine. Il n'est donc moderne qu'au sens le plus traditionnel du mot, contemporain. Manet revendiquera cette tradition

---

[69]   Delacroix, *Journal,* Plon, 1991.

en affirmant de manière continue sa filiation avec Titien, Hals, Goya ou Vélasquez[70] et poursuivie à son époque par Courbet. Il s'agit d'abord d'une peinture moderne, mais inscrite dans une tradition moderne, celle du vivant contemporain: « un nu pris dans la vie, conçu et traité de cette façon toute moderne que Manet avait adoptée définitivement[71] ».

---

[70]   « Ce grossier réalisme que le public prétendait trouver chez Manet, pour lequel il l'accablait d'injures, n'était, sous une forme adaptée à des conditions nouvelles, que la peinture du monde vivant, telle que l'avaient connue les Hollandais, les Vénitiens et les Espagnols. « (Duret, *op.cit.*).

[71]   Duret, *op. cit.* Voir aussi A. Proust: « Peintre d'histoire était dans sa bouche la plus sanglante injure qu'on pût adresser à un artiste. [Ils] […] font des tableaux morts quand il y a, disait-il, tant de choses vivantes à faire au dehors. » D'où l'activité commune de flâneur partagée avec l'ami Baudelaire (« J'ai dit quel flâneur était Manet » A. Proust). Ainsi le *Déjeuner sur l'herbe* a comme origine une vraie scène de bain de femmes dans la nature: « la veille du jour où il peignit le *Déjeuner sur l'herbe,* nous étions un dimanche à Argenteuil, étendus sur la rive, regardant les yoles blanches sillonner la Seine et enlever leur note claire sur le bleu de l eau foncée. Des femmes se baignaient. Manet avait l'œil fixé sur la chair de celles qui sortaient de l'eau. « Il paraît, me dit-il, qu'il faut que je fasse un nu. Eh bien, je vais leur en faire un. Quand nous étions à l'atelier, j'ai copié les femmes de Giorgione, les femmes avec les musiciens. Il est noir, ce tableau. Les fonds ont repoussé. Je veux refaire cela et le faire dans la transparence de l'atmosphère, avec des personnes comme celles que nous voyons là-bas. « On va m éreinter. » (A. Proust). Il faut se demander pourquoi Manet ne peint pas directement ces femmes se baignant, conformément à son exigence du simple et du naturel, mais passe par la médiation de compositions traditionnelles, Giorgione et Raphaël. ^Même question pour l'*Olympia*: « Ainsi, *L' Olympia,*

Cette revendication du moderne est cependant remise en question par une confidence étonnante: « […] il me dit: «Il est une chose que j'ai toujours eu l'ambition de faire. Je voudrais peindre un Christ en croix. Le Christ en croix, quel symbole ! […] la Vénus, c'est bien. Mais l'image héroïque, l'image amoureuse ne vaudront jamais l'image de la douleur. Elle est le fond de l'humanité, elle en est le poème[72] » Confidence étonnante pour au moins une raison: le Christ est un sujet d'histoire -par excellence- et n'est pas une figure moderne.

Une chose est donc claire, c'est que Manet se veut le continuateur d'une tradition, au détriment de la tradition institutionnelle. Il y a donc rejet de la tradition idéaliste. La difficulté est le statut de Manet dans l'autre tradition (peut-on le situer au niveau d'un Vélasquez?) et si son originalité est telle qu'il participe d'un nouvel art qui sera l'art dit moderne[73] du tournant du siècle et du XXe siècle, en rupture revendiquée avec toute tradition.

Olympia et la question de la beauté.
Ici un critère important est le rapport de ce

---

quoi de plus naïf? Il y a des duretés, me dit-on, elles y étaient, je les ai vues. J'ai fait ce que j'ai vu. » (A. Proust). Pourquoi ne pas, selon l'expression même de Manet commentant son *Port de Boulogne,* « saisir sur le vif » une prostituée dans son activité et y introduire la médiation d'une composition passée?

[72] A. Proust, *op.cit.*
[73] L'adjectif « moderne » devient donc très équivoque.

réalisme contemporain avec le beau. Ce réalisme contemporain implique un beau contemporain, c'est-à-dire un beau variable opposé au beau idéal invariable, éternel: « C'est si commode d'adopter des formules toutes faites, de s'incliner devant ce qu'on appelle le beau idéal. Le beau idéal, le beau qui serait définitif, quand tout se transforme. Qu'on nous fiche donc la paix avec ces rengaines. Quand je dis que le beau se transforme, ce n'est pas tout à fait cela. Mais le beau s'adapte[74]. » Ce beau moderne n'est pas donné *a priori*, mais doit être dégagé de la réalité contemporaine: « Le vrai, c'est que nous n'avons pas d'autre devoir que d'extraire de notre époque ce qu'elle nous offre, sans pour cela cesser de trouver bien ce que les époques précédentes ont fait. » C'est la première définition de la modernité selon Baudelaire[75], ce qui pose la question de l'influence de l'un sur l'autre.[76]

---

[74] Manet cité par A. Proust, *op. cit.* De même pour la citation suivante.

[75] « […] quelque chose qu'on nous permettra d'appeler la *modernité* ; […] Il s'agit, pour lui [Guys], de dégager de la mode ce qu'elle peut contenir de poétique dans l'historique, de tirer l'éternel du transitoire. » (*Le peintre de la vie moderne).* Dans le même paragraphe, Baudelaire poursuit par une deuxième défintion de la modernité moins ambitieuse: « La modernité, c'est le transitoire, le fugitif, le contingent, la moitié de l'art, dont l'autre moitié est l'éternel et l'immuable. »

[76] Pour A. Proust, c'est Manet qui influence Baudelaire: « Avec Baudelaire, Manet eut également des rapports très étroits. On a attribué au premier une grande influence sur le second. C'est le contraire qui est vrai. […] les conversations qu'il avait avec Manet, modifièrent sensiblement la manière de voir et de juger de

Or, si on peut trouver cette beauté moderne, variable dans des tableaux de Manet, le nu d'*Olympia*, s'il est bien contemporain, n'est pas beau. Ce défaut n'est pas seulement répété par les opposants à Manet pour justifier leur rejet, il est aussi admis par les partisans de Manet. Par exemple Duret: «Olympia offrait l'image d'une jeune femme maigrelette, les jambes un peu osseuses, les épaules carrées.[77] »

Le type de femme choisi est ici un critère fondamental, ce qui est encore prouvé par le rejet conjoint du tableau *et du modèle* (Victorine Meurent) : « la malheureuse a été l'objet d'autant de railleries, que le peintre même auquel elle devait le jour[78]. »

Remarquons qu'il y a non seulement un beau variable, mais qu'un même visage peut comporter une variation *contemporaine* dans l'échelle du beau. On sait que Victorine a posé pour plusieurs tableaux de Manet. Si on compare ses visages, par ailleurs un peu androgynes, on peut dire que celui du *Déjeuner sur l'herbe* est plus sensuel et plus lourd par l'accentuation

---

Baudelaire, et si Manet et Baudelaire furent étroitement liés, c'est Manet qui garda l'influence sur son ami. »

[77] On remarquera que Duret tente de sauver ce jugement premier négatif par la distance temporelle: «Quand on la regarde aujourd'hui on la trouve aussi chaste que n'importe quelle nymphe mythologique, son corps fluet et singulier plaît par sa saveur, la tête est dessinée avec la précision d'un Holbein. Mais en 1865 personne n'était dans les dispositions à juger l'œuvre et à voir ce que l'artiste y avait mis. »

[78] Duret, *op. cit.*

sombre du nez, des yeux et de bouche, que celui de la
Femme au perroquet avoisine la laideur (il est par
ailleurs peu ressemblant aux autres versions), que celui
du *Chemin de fer* est le plus fin, que le *Portrait de
Victorine Meurent* de Boston est le plus beau, d'une
beauté simple. Dans *Olympia,* le visage de Victorine
est desservi par son format presque carré et une
disproportion entre les deux yeux.

Il a aussi un aspect assez impersonnel, qui
frappe encore plus lorsqu'on le compare au dessin
préparatoire *Etude pour Olympia (Etude de femme nue
étendue, tournée vers la droite »* (musée d'Orsay)
caractérisé par la ligne accentuée du dessin et un visage
vide, sans yeux, nez, bouche. En revanche, l'aquarelle
Olympia (collection particulière), postérieure au
tableau selon L.-A. Prat[79], présente un visage plus
féminin, fin et délicat et souligne la séduction des
cheveux tombant sur le côté entre fleur et épaule par le
contraste d'un fond jaune ocre plus lumineux (alors que
la chevelure d'Olympia est très discrète). S'il y a perte
de présence due à l'aquarelle comme le note bien L.-A.
Prat, il y a aussi une métamorphose vers le beau. Cette
accentuation de la beauté du visage semble être en
rapport avec l'efficacement des traits de la main
gauche, et donc du sexe (et des jambes), rapport qui
retrouve la formule « *aut vulva, aut vultus* » et la
question freudienne de la beauté comme sublimation

---

[79]   L.-A. Prat, « *Monsieur Manet, qui dessine assez bien… » in*
Catalogue d'exposition *Manet inventeur du moderne,* Gallimard,
2011.

du sexe. Le rapport du visage et du sexe est inversé dans le tableau *Olympia:* le dessin très accentué de la main gauche sur le sexe contraste avec le dessin très atténué des traits du visage.

Manet propose donc non seulement un nu contemporain, un nu contemporain sans beau idéal, mais encore un nu contemporain sans beau moderne. Il aurait pu proposer un autre modèle, une beauté moderne, ou du moins souligner davantage les qualités de son modèle. Manet se rapproche plus de la beauté féminine, non dans le nu, mais dans ses derniers portraits mondains féminins au pastel, par exemple le *Portrait d'Irma Brunner*. Belle harmonie de gris et de rose qui contribue à l'élégance, l'air circule et en même temps simplicité et monumentalité du profil, mais non sans une certaine lourdeur (qui caractérise presque tous les visages féminins de Manet, particulièrement *L'Automne*). Il atteint un type de beauté moderne sensuel , mélancolique et passionné, plus hypnotique[80], disons en un mot plus romantique[81] dans le portrait de Berthe Morisot dans *Le Balcon*, d'autant plus frappant par contraste avec la nullité psychologique et, il faut le dire, artistique de l'autre portrait féminin du tableau,

---

[80]   Berthe Morisot rapporte, dans une lettre à sa sœur qu'il « paraît que l'épithète de *femme fatale* a circulé parmi les curieux » lors de l'exposition du tableau au *Salon de 1869.*

[81]   Qu'aurait pu reconnaître et défendre Baudelaire, au contraire d'*Olympia* : « Qui dit romantisme dit art moderne […]. Pour moi, le romantisme est l'expression la plus récente, la plus actuelle du beau. » (*Salon de 1846).*

celui de Fanny Clauss[82]. Beauté qui est perdue dans le fameux portrait de *Berthe Morisot au bouquet de violettes*, malgré le noir dominant, le rapport direct au spectateur (et surtout au peintre, pour les raisons que l'on sait), malgré les commentaires laudatifs, à commencer par Valéry. Un visage plat, psychologiquement et picturalement.

Ici encore, en proposant un nu contemporain sans beauté, Manet n'innove pas, il se situe dans cette même tradition réaliste comprenant aussi bien le nu à beauté moderne que le nu disgracieux.[83]

Olympia et Baudelaire

Ce nu moderne sans beauté explique sans doute la réticence de l'ami Baudelaire, qui demandait le nu moderne au détriment du nu traditionnel, mais le nu moderne dans sa beauté. Ajoutons que, pour le misogyne Baudelaire, ce nu pouvait être trop nu ou trop naturel[84].

---

[82] A moins de cultiver, selon la mythologie moderniste, l'inversion des valeurs.

[83] Par exemple certains nus de Rembrandt.. Ce qui n'empêche pas, comme on dit, une humanité. Mais c'est aborder les rapports de l'esthétique et de la morale.

[84] « La femme est le contraire du Dandy. Donc elle doit faire horreur. [...] La femme est *naturelle*, c'est-à-dire abominable. Aussi est-elle toujours vulgaire, c'est-à-dire le contraire du Dandy. » (*Fusées*). Sur Suzanne, la femme de Manet: « Il paraît que sa femme est très belle, très bonne et très artiste. Tant de

Les rapports entre Baudelaire et Manet sont assez complexes. De manière rapide, on dira qu'il y a une forte amitié entre les deux, que Baudelaire soutiendra toujours par ses réseaux le peintre Manet, qu'il défendra le Manet aquafortiste et fera un bref éloge des qualités « espagnole« et « moderne » du peintre , qu'il partage avec lui le sujet moderne et le refus du fini[85], mais qu'il assènera au même peintre à l'époque d'*Olympia* le fameux « *vous n'êtes que le premier dans la décrépitude de votre art*[86]. » Pour Baudelaire, un défaut majeur de Manet est sans doute qu'il ne pratique pas « l'art mnémonique[87] », un art synthétique produit par une imagination fondée sur la

---

trésors en une seule femelle, n'est-ce pas monstrueux? » (*Lettre à E. Carjat, 1863)* . Baudelaire distingue la femme naturelle et la femme socialisée et esthétisée. *Olympia* pourrait correspondre à la femme naturelle de Baudelaire mais non à la femme idéalisée par l'artifice, la mode ou l'art. F. Cachin affirme qu' *«Olympia* était une prostituée baudelairienne, *Nana* une cocotte contemporaine, très IIIe République » (*Manet, « J'ai fait ce que j'ai vu »*, Gallimard/Rmn, 1994). On pourrait plutôt dire que c'est *Nana* la courtisane baudelairienne (en rivalité avec celle de Guys et *Olympia*, malgré ses trop rares bijoux, son fin collier, ses mules et sa fleur, la femme encore trop naturelle qui horrifie Baudelaire. Si *Olympia* était cette « prostituée baudelairienne », on aurait entendu Baudelaire défendre publiquement Manet.
[85] « […] le romantisme ne consistera pas dans une exécution parfaite […]. [[C'est dans] la perfectiondu métier que nous avons eu le rococo du romantisme, le plus insupportable de tous sans contredit. » *(Salon de 1846)*
[86] Souligné par Baudelaire, *Lettre à Manet.*
[87] Baudelaire, *Le peintre de la vie moderne, V, L'art mnémotechnique.*

mémoire. Manet a besoin du modèle présent pour synthétiser. Autre défaut, l'absence de poésie, de passion, qui idéalise. C'est Delacroix qui restera le grand peintre contemporain et ce dans la grande tradition (versant idéalisation non néo-classique) et Guys sera la figure du « peintre de la vie moderne » mais, on l'oublie trop souvent, dans un genre inférieur[88] (les mœurs) et une pratique subalterne (le dessin, croquis, lavis, etc., de plus comme reportage et non la peinture).

Une prostituée, mais laquelle?
Le sujet ne se limite pas à un nu féminin. Il s'agit d'une courtisane, d'une prostituée contemporaine, c'est-à-dire, comme dit non sans malice Zola, elle « a le défaut grave de ressembler à beaucoup de demoiselles que vous connaissez. » Or la prostitution comporte plusieurs classes de statut social et de valeur opposés. S'il y a la prostituée prolétaire, déclassée, il y a à l'autre bout la courtisane, qui parvient à conquérir tous les attributs de la classe la plus élevée, richesse, relations mondaines, pouvoir (par la position de ses amants), culture (elle collectionne et

---

[88] Première phrase du *Peintre de la vie moderne:* « Il y a dans le monde, et même dans le monde des artistes, des gens qui vont au musée du Louvre, passent rapidement, et sans leur accorder un regard, devant une foule de tableaux très-intéressants, quoique de *second ordre* […]. » (pourtant souligné par Baudelaire). Les éloges de Baudelaire sur l'oeuvre de Guys ne sortent jamais du cadre de ce genre inférieur.

peut tenir salon) et auxquels elle ajoute sa beauté et sa célébrité, artistique (actrice, chanteuse, danseuse) et mondaine (les quotidiens informent en continu sur ses toilettes, villas, fêtes, frasques). La courtisane est donc une figure *people* à fort capital social reconnu. C'est loin d'être une figure négative. Il n'en reste pas moins que le côté prostituée, fût-il de luxe, demeure, en particulier par l'édition clandestine d'informations sur « leurs charmes et [...] spécialités érotiques[89] » pour une clientèle huppée.

Il est difficile de cerner le statut social d'Olympia. La galanterie du bouquet et la domesticité impliquent un certain niveau (mais certaines maisons closes pouvaient l'offrir) mais le choix du modèle, physique et social, a de la peine à incarner une « grande horizontale ». On a l'impression d'être dans la catégorie intermédiaire de la « lorette[90] », plus libre dans ses choix que la fille mais certainement moins fatale que la courtisane.

Manet semble brouiller ce classement social et esthétique, en présentant d'une part un modèle physiquement trivial (prostituée déclassée) et d'autre part et au contraire une courtisane par le nom élevé d'Olympia[91], par l'épithète d' «auguste jeune fille »

---

[89]   R. Thomson, *Les grandes horizontales, in Splendeurs et misères, images de la prostitution, 1850-1910.* Flammarion, 2015.
[90]   Voir en particulier A. Dumas, *Filles, lorettes et courtisanes,* 1843.
[91]   L'un des noms à essence divine que se donnent les courtisanes. Nom élevé par le statut social de la courtisane et par la référence mythologique.

(Astruc dans le livret du *Salon,* l'adjectif « auguste » malgré l'antiphrase « jeune fille ») et le patronage de la courtisane vénitienne de Titien, selon l'interprétation de l'époque. Ce qui dérange, ce n'est pas la courtisane sous la déesse (Titien l'avait fait et la courtisane avait très bonne réputation dans le Paris de Manet), mais la fille sous la courtisane. Ce qui dérange, ce n'est pas le brouillage de la déesse par la prostituée, mais le brouillage à l'intérieur de la hiérarchie de la prostitution. De la prostitution mondaine, élégante par la prostitution déclassée, sale[92]. Cela est bien résumé par Léonce Bénédicte (conservateur contemporain du musée du Luxembourg) qui voit le rapport avec la Vénus d'Urbin et commente: « on sent toute la déchéance de la race, tout ce qui sépare la courtisane d'autrefois de la fille d'aujourd'hui. » Ce sera pire, pour des raisons différentes, avec les prostituées de Toulouse-Lautrec, Rops, Degas, Van Gogh et autres. Le nu vulgaire est par essence indécent. On voit que l'esthétique est morale et que la morale comprend toujours une esthétique.

La prostituée, le client et le spectateur.

Dans ce contexte est représentée une anecdote, une scène contemporaine représentant une prostituée nue sur son lit de travail au moment de recevoir un client hors scène et son cadeau, le bouquet de fleurs présenté par la domestique noire. Le regard direct

---

[92]   Un adjectif qui revient souvent dans la critique contemporaine du tableau.

d'une prostituée, avec tous les attributs de son activité, au spectateur met celui-ci en position de client sexuel, ce qui peut apparaître comme une mise en lumière de ses mœurs cachées à sa propre famille qui l'accompagne. La mise en scène peut donc paraître proprement scandaleuse.

Cependant la position spatiale de la domestique, à la fois derrière le lit et devant l'ouverture étroite des tentures donnant sur la partie cachée de la pièce indique qu'elle vient du fond et qu'elle apporte donc les fleurs d'un client qui vient d'entrer et attendant, caché derrière les tentures. Il y a donc trois personnages dans le tableau, le troisième étant invisible. Ce client au bouquet ne peut se tenir devant Olympia, car alors la servante aurait dû être devant Olympia, il n'est pas naturel de contourner le lit, d'autant moins que l'espace derrière le lit est restreint, indiqué par l'étroit mur tapissé en profondeur entre la bordure jaune brune et le bras droit de la servante. Cette position du client empêcherait en même temps le motif important du bouquet. On a donc un client invisible caché par le double rideau. A la fois le sujet (Olympia, domestique au bouquet, client caché) et l'espace (la double tenture latérale et la partie cachée mais indiquée par l'ouverture des tentures) impliquent une profondeur dissimulée de l'espace et qui contrarie la planéité que les commentateurs modernistes attribuent à Manet.

Le visage de face d'Olympia qui ignore le cadeau indique une absence de communication dans le tableau récurrente chez Manet.[93]

Mais que regarde alors Olympia? Y a-t-il deux clients qui sont en train de se succéder, mais autant invisibles l'un que l'autre? L'attitude d'Olympia est incongrue: elle est d'un côté dans la position de la prostituée, nue, disponible sur son lit et d'un autre côté a une attitude contraire de pudeur, de dignité, d'autonomie, de froideur, accentuée par les couleurs froides presque exclusives du tableau, qui ne peut pas s'adresser à un client. A qui s'adresse-t-elle alors? Tout simplement à un spectateur, un pur spectateur et non à un client voyeur. Elle est un objet de pure contemplation, on est en régime kantien. Il ne s'agit pas d'une prostituée, mais du pur spectacle d'une prostituée, soulignée par le bout de rideau relevé en haut à gauche et qui s'est ouvert comme sur une scène de théâtre[94]. Olympia est une figure double, d'un côté, le seul côté qu'on voit, l'image, la mise en scène d'une prostituée dont on ne peut être client, de l'autre, une

---

[93] *Le déjeuner sur l'herbe, L'Homme mort, Le Balcon,* etc.

[94] Rideau relevé qui est un procédé traditionnel de la peinture religieuse (la célèbre *Madone Sixtine* de Raphaël) repris par la peinture profane, notamment par Vermeer. Malgré le dispositif différent en trompe-l'œil de Raphaël qui renvoie explicitement au rituel des tableaux religieux réellement voilés et l'emploi déjà longtemps profane du rideau, la même couleur verte (plus sombre) retenue par Manet insinue peut-être l'idée divertissante du dévoilement d'une prostituée à la place d'une Vierge.

prostituée mais qu'on ne peut voir comme telle, dont le rapport est interdit au spectateur, dont le rapport se situe dans la profondeur du tableau. Le tableau joue donc sur deux niveaux. Le premier niveau, comprenant les plans du rideau relevé et d'Olympia sur son lit est celui d'un pur spectacle, une mise en scène théâtrale, une fiction, avec le premier rideau pour marquer la différence du spectateur réel et du spectacle. Le deuxième niveau clôt le spectacle et bascule dans le réel, le rapport de la prostituée et du client. Mais le spectacle est traité de manière réaliste par le métier de Manet et la dimension réaliste comprend de l'invisible (le client derrière le rideau).

Prostituée et modèle artistique.

Mais il ne s'agit ni d'une scène réelle ni même d'une vraie prostituée, car Victorine Meurent est un modèle professionnel. La nudité du modèle féminin pour artistes n'a pas le même statut que celle de la prostituée: dans *Manette Salomon* d'E. et J. de Goncourt, un modèle féminin pose nue devant les élèves d'Ingres mais se rhabille quand un voyeur ouvrier l'épie d'un toit proche. Il y a, en principe du moins, une distinction forte entre la nudité artistique et la nudité sexuelle marchande.

De plus la composition est empruntée à celle de la *Vénus d'Urbin* de Titien et du thème connu de l'odalisque à l'esclave. Autre inspiration possible, repérée par M. Fried, la tête levée, le regard souverain, direct et peu avenant sur le spectateur, la position de la main droite et le bouquet de fleurs *d'Olympia* se trouvent déjà dans un tableau de l'atelier de Botticelli, *Vénus avec trois putti* (Louvre), tableau connu de Manet et perçu comme « d'un bizarre presque inquiétant » par l'ami Z. Astruc.

Que le modèle ne soit pas une vraie prostituée peut expliquer la réticence de Baudelaire: « Si un peintre patient et minutieux, mais d'une imagination médiocre, ayant à peindre une courtisane du temps présent, *s'inspire* (c'est le mot consacré) d'une courtisane de Titien ou de Raphaël, il est infiniment probable qu'il fera une œuvre fausse, ambiguë et obscure. L'étude d'un chef-d'œuvre de ce temps et de ce genre ne lui enseignera ni l'attitude, ni le regard, ni la grimace, ni l'aspect vital d'une de ces créatures que le dictionnaire de la mode a successivement classées sous les titres grossiers ou badins d'*impures*, de *filles entretenues*, de *lorettes* et de *biches*.[95] » Outre le rejet d'un modèle historique, qui plus est Titien, ce texte exige un modèle vrai, une vraie prostituée. Comment Victorine peut-elle exprimer « l'attitude », « le regard », « l'aspect vital » d'une prostituée? D'où sans doute la préférence accordée à Guys qui représentait des vraies filles.

Olympia et la Vénus d'Urbin.

---

[95]   Baudelaire, *Le peintre de la vie moderne. IV. La modernité.*

Olympia emprunte à Titien le nu féminin sur le lit dans un intérieur contemporain accompagné de servantes et d'un animal, la coupure verticale dans l'espace, la copie d'un modèle -la *Vénus d'Urbin* reprend déjà la *Vénus endormie* de Giorgione (avec des parties de Titien) et même l'idée de la liaison de la femme nue et du Christ, puisque Titien avait offert à Charles Quint ensemble ces deux sujets, érotique et de dévotion)[96]. Manet inscrit donc explicitement *Olympia* dans une tradition.

Le tableau de Titien opère déjà une rupture avec celui de Giorgione. Il remplace la déesse par une mortelle, Vénus par une courtisane contemporaine dans un palais vénitien contemporain. Le titre *Vénus (d'Urbin)* qui vient de Vasari trompe sur le sujet du tableau. Ce n'est donc pas Manet qui opère la transformation de la déesse en prostituée moderne comme on le lit trop souvent, mais Titien. Cette transformation était déjà esquissée dans la *Vénus endormie* par l'ajout (par Titien) d'un lit en pleine nature et qui sent la courtisane.

Mais la conception de la courtisane est très différente dans les deux tableaux. Chez Titien, beauté et rapport de séduction érotique avec le spectateur, qui seront poursuivies dans la peinture institutionnelle rivale de Manet. Mais dans ce registre séducteur le

---

[96]   I. Pludermacher, *Olympia de Manet et la Vénus d'Urbin, Conférence du musée d'Orsay, 2014*

tableau de Titien est une exception plutôt radicale car il pousse la licence érotique à la limite du pornographique, par la main gauche non pas pudique mais masturbatrice. Quel est le sens de cet érotisme affirmé?

Si la *Vénus d'Urbin* a été identifiée comme une courtisane à l 'époque de Manet, la seule source contemporaine est une lettre de Guidubaldo Della Rovere à son agent de Venise concernant l'achat d'un tableau à Titien désigné comme une « femme nue ». La lettre n'indique aucune identité personnelle ni sociale. Il faut donc s'interroger sur son identité et le sens du tableau.

L'interprétation dominante aujourd'hui est que le geste de la main gauche est en fait légitimé et même commandé par l'idéologie de l'époque. Il s'inscrit dans la croyance contemporaine. Il ne peut être compris que dans le contexte culturel de l'époque. Il est conforme à l'idéologie médicale et religieuse de l'époque: la médecine pensait que la femme n'était fertile que dans la jouissance et devait donc s'y préparer et, pour l'Eglise évidemment, l'acte sexuel n'était légitime que pour la procréation[97].

Cette analyse est évidemment indispensable pour comprendre la Vénus d'Urbin. Mais elle n'explique pas dès lors pourquoi il n'existe qu'un seul

---

[97] Rona Golfen, citée et suivie par D. Arasse, *La femme dans le coffre, in On n'y voit rien, Descriptions,* Denoël, 2001.

tableau -deux avec son modèle de Dresde- en référence
à cette croyance.

Il est clair que Manet ne pouvait avoir
connaissance de cette finalité procréatrice de son
modèle. Il reste pour lui un modèle érotique. On peut
même se demander s'il avait repéré le caractère
pornographique du geste.

A. Gentili propose une autre interprétation du
tableau. Il part du fait, depuis longtemps connu, que la
femme de la *Vénus d'Urbin* se retrouve dans deux
autres tableaux de Titien, la *Bella* et la *Jeune femme à
la fourrure* de Vienne. Il remarque que la *Bella* « a tous
les attributs symboliques de la jeune épouse »: cheveux
coiffés mais avec une tresse libre, ses bijoux de mariée,
étole de martre désignée par l'index. Comme le tableau
a été commandé par la famille della Rovere, Gentili
affirme que la *Bella* « ne peut être que Guilia
adolescente ». La *Jeune femme à la fourrure* est Guilia
toujours dans le type de l'épouse, ici sur le modèle de
la *Laura* de Giorgione, un sein recouvert et l'autre
dénudé. Et donc la *Vénus d'Urbin* est Guilia, toujours
dans son rôle d'épouse, mais sous le travestissement de
Vénus. Désormais entièrement nue et sur lit conjugal
marqué par les deux coussins, dans l'espace privé de la
chambre à coucher séparée par la tenture sombre, elle
signifie « la dimension érotique du mariage »,
confirmée par les autres détails du tableau. On n'a donc
pas affaire à une courtisane, mais à une épouse

identifiée et répondant à l'« érotisme fonctionnel[98] ».

La démonstration est convaincante malgré trois réserves: la formule « femme nue » qui est anonyme (mais qui peut s'expliquer justement par l'intimité du sujet et le statut social de la dame), la commande de la *Bella* par le père, Francesco Maria (mais un père peut posséder le portrait de sa future belle-fille) et peut-être l'âge du modèle (mais ce jugement reste assez subjectif).

Manet reprend donc la figure de la courtisane. En tant que telle elle ne pouvait choquer puisqu'il qu'il y avait l'exemple de la *Vénus d'Urbin*. Sans parler des scènes de bordel de la peinture hollandaise[99] ou des figures très suggestives du XVIIIe siècle français. Ce qui choque sont trois choses:
La conception de la figure. Ce qui gêne ce n'est pas la courtisane, mais son traitement.
L'anecdote représentée: la prostituée de Manet

---

[98]   A Gentili, *Titien*, Actes Sud, 2012, trad. Anne Guglielmetti. Suivi par G. Géguan, sauf pour le travestissement en Vénus en raison de l'expression de Guidobaldo, « femme nue ». *Cent tableaux qui font débat*, Hazan, 2013.
[99]   Le rapport sexuel peut être explicitement montré *via* la copulation animale, par exemple le couple de chiens copulant au deuxième plan de la *Scène de bordel* de Frans von Mieris. Ces sympathiques animaux sont aussi surpris en train d'uriner dans les églises (Emmanuel de Witte, *Intérieur de l' Oude Kerk de Delft, Metropolitan Museum of Art*).

est représentée dans son activité commerciale, nue sur son lit, au moment de l'entrée en scène de son nouveau client qui lui offre un bouquet. De plus la mise en scène situe fatalement tout spectateur du tableau en situation de client.

Enfin ce qui frappe, c'est l'attitude d'Olympia, qui est le contraire de sa nudité offerte sur un lit: elle toise le spectateur et refuse l'accès à son sexe, tout le contraire de la *Vénus d'Urbin*. Elle est pudique par le sexe et impudique par le regard. Le sujet du tableau semble donc paradoxal, même contradictoire: on a d'une part un contexte érotique fort (le nu féminin comme marchandise sexuelle, l'érotisme exotique de la servante noire, le sens sexuel direct en argot de la chatte noire, la connotation sexuelle des fleurs), une prostituée dans son activité la plus triviale, elle reçoit le client et son présent sur son lit de travail, on est dans le moment qui précède l'action décisive, le rapport sexuel. Et, d'autre part, par son attitude, cette même prostituée interdit le sexe et le rapport sexuel[100], ne joue pas le jeu, remet en cause le rapport convenu entre la fille et le client. Ce qui choque donc dans ce tableau, ce n'est pas l'érotisme, mais son interdit par une figure qui est censée l'incarner professionnellement. Dans un contexte du marché du sexe, on a l'interdit sexuel affirmé par ce qui devrait être un objet sexuel. On a l'impression que le sujet du tableau est celui d'un

---

[100]   I. Pludermacher « *Le beau dans l'horrible* », *Prostitution et modernité, in N. Bakker, I. Pludermacher, M. Robert, R. Thomson, Splendeurs et misères, Flammarion, 2016.*

commerce sexuel galant, mais qui ne peut l'être pour le spectateur.

Une vulgarité à la fois digne et non érotique.

   On a donc un nu à signification sexuelle vulgaire, sans séduction érotique, sans poésie ou sans émotion, et contredit par son attitude d'autonomie et de dignité, La séduction érotique se trouve dans les nus institutionnels, par exemple de Cabanel et de Baudry[101]. C'est une séduction érotique *distinguée*. Il y a liaison intime entre élégance et érotisme, lequel peut alors aller jusqu'à la parodie de la jouissance sexuelle dans les contorsions de la Vénus de Cabanel et l'exhibition de son sexe non dessiné. L'originalité d'Olympia est de séparer la distinction de l'érotisme et de la lier à la vulgarité, à un nu vulgaire.[102] *La perle et*

---

[101]   « L'art efféminé et bassement sensuel semble être devenu l'art national ; de la grâce, on est vite descendu à la mignardise ; on tombe aujourd'hui dans l'érotisme. […] La *Vénus* [*Naissance de Vénus* de Cabanel] est étendue de façon à faire ressortir le contour des hanches et de la poitrine […]. *L'académie* de M. Cabanel, qui est la Vénus *pandémos* et non point la Vénus Anadyomène [Vénus *pandémos,* c'est-à-dire la Vénus des courtisanes] […]. « [*La perle et la vague* de Baudry représente] une femme, et dans quelle posture ! avec quel regard! Passons : ceci n'étant de l'art par aucun côté, nous n'avons rien à en dire. » M. Du Camp, *Le Salon de 1863. Revue des Deux Mondes*, 1863.
[102]   Visant les deux femmes du *Déjeuner sur l'herbe,* un critique anglais, P G. Hamerton,, dans son *Salon de 1863,* parle de « femelle » (cité par H. Damisch, *Le jugement de Pâris,* Flammarion, 2011). Le nu cru d'Olympia pouvait apparaître d'autant plus vulgaire que commençaient à circuler

la vague de Baudry mène directement à la *pin-up* de la société de consommation de masse. Néanmoins d'un autre côté on pourra reprocher à ces figures une absence d'érotisme pas manque d'incarnation corporelle, par défaut de naturalité, par excès d'idéalisation[103].

Allégorie.

Quel sens donner au tableau de Manet? On a une femme présentée à la fois comme marchandise sexuelle explicite et ayant une attitude de dignité, d'autonomie, de liberté dans cet échange. Ni la classe inférieure de la fille qui n'a pas le choix, ni la classe supérieure de la courtisane souveraine (elle n'en a pas la séduction), mais la classe intermédiaire de la lorette qui a un certain capital d'autonomie et de liberté. Mais la situation qui l'exprime n'est pas réaliste. La liberté de choix, marché conclu ou refus, s'exerce avant de se mettre nue au lit, ou non, alors qu'Olympia est à la fois nue dans son lit (acceptation) et interdit son sexe (refus). Cette contradiction peut être dépassée si on voit non une scène réelle, mais une allégorie de la lorette, de la prostituée libre. Les

---

clandestinement les premières photographies pornographiques. Il montre la même vulgarité que la photographie pornographique mais s'en distingue par l'absence d'érotisme et sa distinction non esthétique.

[103]   « Le paganisme de ces peintres n'a d'ailleurs aucune indécence, et ces figures sans voiles n'ont rien de la femme naturelle, ni de la femme que rêverait la volupté. Ni os, ni chair, ni sang, ni peau. » Thoré-Bürger, *Salon de 1863.*

attributs de cette allégorie sont les suivants: le nu dans un lit en relation avec un client indique la prostituée et la main sur le sexe, la tête dressée et le regard indiquent la liberté. Allégorie en partie « réelle », pour reprendre une formule de Courbet, puisque la prostituée est une figure sociale, et en partie conceptuelle, puisque la liberté est supposée être une entité spirituelle ou conceptuelle, exprimée par l'attitude.

Facture.

Le scandale du tableau est dû enfin à la facture qui s'oppose à celle de la peinture institutionnelle de l'époque sur plusieurs critères: l'absence de transitions[104], qualifiée aussi par le mot « simple » et opposé au modelé demandé par la peinture institutionnelle   (Paul Mantz parle de « bariolage »). Cette absence de transitions rejoint l'exigence d'une rapidité d'exécution, d'une maîtrise directe: « Il n'y a qu'une chose vraie. Faire du premier coup ce qu'on voit. Quand ça y est, ça y est. Quand ça n'y est pas, on recommence. Tout le reste est de la blague[105]. » Critère souvent resté idéal si l'on en croit les difficultés rencontrées par Manet dans l 'exécution. Ces critères

---

[104]   « Manet soutint que pour lui la lumière se présentait avec une telle unité qu'un seul ton suffisait pour la rendre et qu'il était de plus préférable, dût-on paraître brutal, de passer brusquement de la lumière à l'ombre que d'accumuler des choses que l'œil ne voit pas et qui, non seulement affaiblissent la vigueur de la lumière, mais atténuent la coloration des ombres qu'il importe de mettre en valeur. » (A. Proust, *op. cit.*).

[105]   A. Proust, *op. cit.*

qui expriment la présence immédiate, la vie, donnent en même temps l'impression de l'esquisse, de l'inachèvement, ce qui sera reproché à Manet. En fait cette peinture vivante par l'inachèvement de Manet, de l'impressionnisme et de la tradition dont elle procède (hollandaise, espagnole, anglaise) a pu et peut être critiquée comme n'étant que celle de l'ébauche dans la tradition idéaliste.

Un autre critère essentiel est l'attitude naturelle du modèle. Aussi Manet refuse dès sa formation dans l'atelier de Couture l'attitude artificielle et institutionnelle des modèles professionnels et exige une attitude naturelle, simple, comme le raconte A. Proust. On peut dès lors se demander si la pose d'Olympia, dans ce qu'elle a de spécifique par rapport à celle de la *Vénus d'Urbin*, vient de Manet ou de Victorine Meurent. D'autant qu'elle semble être une personnalité assez forte (modèle devenue elle-même peintre accédant à une reconnaissance officielle, professeur de guitare, sexualité invertie). Les rapports avec Manet semblent assez complexes dans la mesure où elle pose pour les tableaux les plus importants de Manet et qu'elle se forme chez un autre peintre.

Les critères d'absence de transition et d'attitude naturelle du modèle relèvent évidemment de la tradition non idéaliste. Manet reste même en retrait sur ces deux points par rapport à un Frans Hals.

Il faut ajouter le critère d'une peinture claire (opposée non seulement à l'opposition ombre / lumière de la tradition mais encore à la peinture sombre de

Courbet[106]), mais fondée sur une lumière crue, frontale, agressive, artificielle, qui accentue l'autorité du regard et le manque de séduction de la figure. Manet néanmoins peut aussi privilégier le noir (par exemple *Berthe Morisot au bouquet de violettes*).

Dernier critère, la sincérité, être soi-même, l'impression[107] et qui ont été interprétés comme une critique de la tradition. On peut dire que Manet voyait sans transition et de manière claire[108]. Or ce critère

---

[106] « […] entre nous, ce n'est pas encore ça. C'est trop noir. (A. Proust, *op.cit.,* Manet parlant de Courbet).

[107] « Venez voir des œuvres sincères. « C'est l'effet de la sincérité de donner aux œuvres un caractère qui les fait ressembler à une protestation, alors que le peintre n'a songé qu'à rendre son impression. M. Manet n'a jamais voulu protester […] et n'a prétendu ni renverser une ancienne peinture ni en créer une nouvelle. Il a cherché simplement à être lui-même et non un autre. » Manet, *Motifs d'une exposition particulière* (1867).

[108] « La faculté de voir à part, chez Manet, ne venait ni d'un acte raisonné, ni d'un effort de volonté, ni du travail. Elle venait de la nature. […]Il voyait les choses dans un éclat de lumière que les autres n'y découvraient pas, il fixait sur la toile les sensations qui avaient frappé son œil. En le faisant, il agissait inconsciemment, puisque ce qu'il voyait lui venait de son organisation. Rien n'était ainsi plus faux que de l'accuser de s'adonner à la soi-disant peinture bariolée, de propos délibéré, et par pur désir d'attirer l'attention. » (Duret, *op. cit.*) « Ainsi cette pratique des tons clairs juxtaposés, des « taches » lumineuses, qu'on lui reprochait comme un « bariolage », qu'on l'accusait d'avoir adoptée délibérément, pour se distinguer quand même de tous les autres, était, dans les profondeurs de l'être, l'instinct le plus franc, la manière la plus naturelle de sentir. » (A propos du portrait de Duret) Confirmé par A. Proust: « L'artiste ne dit pas aujourd'hui : Venez voir des œuvres sans défauts, mais : Venez voir des œuvres sincères. C'est

fondamental pose problème pour deux raisons.

Tout d'abord dans la mesure où tous ceux qui ont connu Manet ont souligné son élégance, sa distinction, y compris de classe sociale. Une distinction qui refuse toute vulgarité[109]. Si cette élégance est bien exprimée dans d'autres tableaux de Manet, elle manque fortement dans cette Olympia disgracieuse aux yeux mêmes de ses partisans. Ensuite parce qu'il ne permet pas à lui seul de distinguer Manet de la peinture officielle, par exemple celle de Baudry: « Ce qui caractérise d'ailleurs l'œuvre *tout entière* [je souligne] de Baudry, ce qui la fait bien complètement française, c'est sa parfaite sincérité[110]. »

l'effet de la sincérité de donner aux œuvres un caractère qui les fait ressembler à une protestation, alors que le peintre n'a songé qu'à rendre son impression. »

[109]   Ainsi A. Proust: «[…] le déhanchement de sa démarche imprimait un caractère de particulière élégance. […] il ne pouvait parvenir à être vulgaire. On le sentait de race. ». Et plus loin: «Manet dont le moindre geste, la moindre parole révélaient un esprit d'une distinction rare et un cœur d'une délicatesse exquise. »

[110]   A. Proust, *op. cit.*

Thomas Primerano

La peluche comme totem

Je vous propose maintenant un petit peu de légèreté.
Un court essai. Une contribution minime à la validation
des thèses freudiennes. La vie des enfants est parfois
bien mystérieuse. Certains passent leur temps à courir
après des agresseurs imaginaires et d'autres parlent à
des objets inanimés le plus naturellement du monde.
Pourtant les travaux comme ceux de Sigmund Freud
ont permis de mettre en exergue les mécanismes
psychiques des enfants, du moins en partie. Il reste
encore des découvertes à faire et je voudrais ici déposer
une hypothétique pierre à l'édifice grandiose de la
psychanalyse. Nous parlerons ici de la peluche
qu'adopte bien souvent l'enfant en bas âge, qui ne le
quitte jamais et qui pourra le suivre durant une partie
de son enfance. Il convient de rappeler de manière
succincte les thèses de Freud et de Clastres sur les
tribus primitives en raison des parallèles que je compte
mettre en avant par la suite. En effet, Freud s'accorde
avec Darwin en montrant que dans les premières
sociétés tribales, le mâle dominant (le Père) possédait
toutes les femmes tandis que les autres membres de la
tribu (les frères) demeureraient en constante frustration
sexuelle. Freud écrit ensuite dans <u>Totem et Tabou</u> :

« Un jour les frères chassés se sont réunis et ont tué et mangé le père, ce qui a mis fin à l'existence de la horde paternelle ». Néanmoins, pour que l'esprit du Père ne se venge pas après le meurtre et le vol des femmes par les frères, ces derniers édifièrent un totem animal censé le représenter symboliquement. Les frères devaient d'ailleurs respecter les commandements du totem. Pierre Clastres nous dit par exemple dans La société contre l'Etat que la tribu n'avait pas le droit de manger l'animal totem. On peut constater que cet épisode historique fonde directement le complexe d'Œdipe dans les sociétés modernes. L'enfant souhaite la mort de son père et épouser sa mère. Néanmoins, l'enfant a peur du châtiment (qui serait en fait la castration) qui l'éloignerait définitivement de sa mère et lui laisserait une marque de honte. Son Surmoi est ainsi construit et l'enfant intériorise des règles fondamentales comme l'interdit de l'inceste par exemple. Règles qui se révélaient être les tabous de base des sociétés tribales. Or il est possible de mettre en exergue la correspondance de la peluche de l'enfant avec le totem des tribus sauvages. Michel Foucault le montre bien dans son essai sur l'hétérotopie, l'enfant peut admettre un lieu comme étant complètement différent de ce qu'il est réellement. L'enfant n'est alors plus en train de se rouler dans l'herbe dans le jardin mais en train de ramper pour éviter les balles qui pleuvent autour de lui. Il quitte complètement son corps pour devenir ce qu'il n'est pas ; il s'oublie. Il en va peut-être de même avec les compagnons imaginaires qu'il s'invente. La peluche en fait nécessairement partie et bien souvent elles prennent la forme d'animaux ; encore un lien avec les animaux-totem tribaux. Elle le protège comme un totem contre la fureur du père. D'ailleurs, lorsque l'enfant reçoit une correction, il n'est pas rare qu'il se retourne contre sa peluche et lui fasse du mal : Il se sait faible et chétif, incapable de faire violence au père. Il se retourne alors vers sa représentation totémique. Finalement si le bout de tissu se déchire, il va se mettre à pleurer parce qu'il regrette. On est ici au fondement du Surmoi dans la psyché humain. Le sentiment de culpabilité et de regret nait et, avec lui, commence l'intériorisation des règles de morale. Dans Au-delà du principe de plaisir, Freud explique comment un enfant qui veut à tout prix avoir le contrôle de son destin s'empare d'une peluche et la jette au loin lorsque sa mère doit le quitter. Il est certain que la peluche en question représente la mère. Il s'en serre comme si le jouet avait une valeur magique comme le totem tribal. Nous pourrions donc admettre que la peluche est pour l'enfant non seulement un objet magique auquel il s'adresse, mais également un totem représentant le père ou la mère et qui se révèle indispensable à la création de son Surmoi. Freud montre d'ailleurs la concordance entre les actions des enfants, des sauvages et des névrosés ce qui renforce cette théorie.

Le cosmétique, le miroir et le vêtement rituel

Voilà un court essai qu'il me tardait d'écrire car il constituait un objet polémique lors de certaines séances de philosophie. Mais je vais d'abord présenter le contexte. Mon professeur de philosophie, Pierre Erler, prenait beaucoup de plaisir à nous transmettre d'une part la quintessence de la pensée des auteurs mais également ses propres points de vue. Ces derniers avaient pour but de nous fournir des exemples pratiques ainsi que des limites et des erreurs de jugement mais elles avaient également le don de provoquer un soulèvement, d'exciter une vague d'étudiants indignés. Or il fallait s'y attendre, ce genre d'opinons personnelles remontaient la plupart des élèves contre lui, mais il restait une infime part d'étudiants qui semblaient illuminés et qui s'abreuvaient de ces paroles. L'un des seuls professeurs de philosophie que je connaisse qui ait pu développer une fascination chez ses étudiants. Je suis de ceux-là. J'ai conscience que ce mode relationnel n'est pas louable, au contraire, mais nous avons tous besoin d'un maître à penser. Pour Thomas d'Aquin, l'élève doit être passif face à l'enseignement mais aussi actif afin de pouvoir le mettre en œuvre et c'est cette relation de maître et d'élève qui constitue le fondement de la connaissance. Ce qui précède est donc un *mea culpa* de ce qui va suivre. « J'ai le courage de mon mauvais goût », disait Nietzsche dans <u>La généalogie de la morale</u>.

J'expose donc, ci-après, une idée freudienne extrémiste exposée il y a fort par mon maître et qui aura été fortement décriée.

Inconsciemment, il n'existe, pour l'enfant en bas âge, qu'un seul sexe. Il s'agit du sexe mâle. Nous trouvons ici la plus puissante idée de la suprématie de l'homme sur la femme. La fillette constate très tôt sa différence et là, une intuition psychique s'installe. La fillette pense avoir été castrée par sa mère. Cette idée est renforcée par la découverte du clitoris qui semble être le reste du pénis sectionné. Rappelons rapidement comme la situation s'y prête, que dans certaines cultures, les mères pratiquent l'excision rituelle sur les jeunes filles. La corrélation est forte entre ces deux idées : Les femmes répètent ce qu'elles ont subi car elle n'ont connu que cette pratique et la prennent pour la normalité. Ce *Wiederholungszwang*, Freud le théorise dans <u>Au-delà du principe de plaisir</u> et d'après lui, il constitue la base de la pulsion de mort. Il semblerait donc que des pensées psychiques mal refoulées et excitées par la société puissent devenir les normes de celle-ci. On se souvient notamment des tribus sauvages de Pierre Clastres qui n'ont pu refouler certaines pulsions et qui les ont alors érigées en règles du tabou. Comparons deux exemples avant de revenir au sujet. Les sauvages ne peuvent pas manger l'animal totem car cela reviendrait à fâcher le Père de leur tribu. Ils croient tellement à ce mythe issu de leur psychisme et soutenu par la tradition sociale que la transgression du tabou entraine des réactions hystériques incontrôlables. Les sociétés modernes sont parvenues à intérioriser et, disons-le, refouler l'interdit pour l'intégrer à la psyché. Dans le cas des femmes pratiquant l'excision, il semble clair que ces rituels hystériques sont liés au mythe psychique du sexe unique. « Le malade mental et le névrosé se rapproche ainsi du primitif », écrit Freud dans <u>Totem et Tabou</u>. Revenons maintenant à notre sujet. Les filles vont éprouver une haine pour leur mère qui les a castrées, ce qui va entrainer et favoriser le complexe d'Œdipe. Néanmoins, ce pénis, symbole du désir et de la puissance qui leur fait défaut, va devenir un objet psychique qui entrainera des réactions somatico-sociales. Ce sont ces réactions que mon professeur a exposé et que je vais maintenant retranscrire. La femme se maquille. Pratique sociale reconnue que seules quelques pseudo-féministes idéalistes osent encore remettre en cause. Mais d'où vient cette pratique sociale qui ne touche qu'un genre de la population ? Attention je ne prétends pas rechercher quelques causes à travers l'Histoire mais mettre en lumière les causes psychiques ayant possiblement entrainé cette pratique sociale. A vrai dire, la femme semble vouloir cacher une honte secrète, attirer l'attention sur un visage qui n'est pas le sien pour ne plus avoir honte. Cette honte psychique, c'est celle du pénis ou plus vraisemblablement de l'absence de pénis. Cette marque ostensible de faiblesse doit être cachée et camouflée du mieux possible. Nous pouvons étayer cette affirmation en étudiant la fâcheuse manie qu'ont les femmes de se regarder dans les miroirs encore et encore, même en voiture ou au travail, comme si elles cherchaient désespérément quelque chose. Comme si elles espéraient (ou désiraient) voir si leur pénis avait reparu. Reste encore à parler du vêtement. Mais pour lors, nous ne verrons qu'un seul type de vêtement en particulier. Deux habits rituels religieux : Le Niqab et la robe ecclésiastique. Pourquoi certaines femmes sont-elles enclines à porter le Niqab ? Religion ? Société ? Je le répète, les causes historiques ne m'intéressent guère. Il semble plutôt qu'au final, la personne ressemble, dans cet accoutrement, à un pénis érigé. Elle compense ainsi sa honte psychique par une pratique sociale dont l'origine véritable a été soigneusement cachée par la justification sommaire des textes coraniques. Il en va de même avec le vêtement ecclésiastique et la forme de la mitre qui facilite l'analogie. Nous rappelons que les vœux de chasteté des ministres du culte ont été la source de graves débordements. Ces trois théories reliées entre elles ne constituent pas de vérités définies. Ce sont des pistes de bases freudiennes étudiées et proposées à votre jugement par mon professeur et moi-même.

Le mouvement féministe en déclin

Il est temps de développer sur le papier une thèse sur un mouvement qui suscite l'attention des plus grands sociologues mais également de toute la société moderne. Il s'agit bien sûr du mouvement féministe. Nous pouvons aujourd'hui lire beaucoup d'ouvrages défendant le féminisme et les apports positifs qu'il amène au sein de la société. A tel point que c'en est devenu un mouvement sacré sinon incontestable. Les détracteurs dudit mouvement ont dû se taire avant d'être oubliés. On n'accorde plus aucun crédit à ceux que l'on nomme phallocrates, misogynes ou machistes. Voilà ce qui a corrompu le mouvement féministe. Sa puissance et son hégémonie sur les pays occidentaux en a fait un mouvement qui ne souffre d'aucune contestation ou de réprobation et donc une idéologie dangereuse entre de mauvaises mains. Nous citerons Joseph de Maistre qui écrit, dans Eclaircissement sur les sacrifices, la chose suivante : «Eteignez, affaiblissez seulement jusqu'à un certain point, dans un pays chrétien, l'influence de la loi divine, en laissant subsister la liberté qui en était la suite pour les femmes, bientôt vous verrez cette noble et touchante liberté dégénérer en une licence honteuse. Elles deviendront les instruments funestes d'une corruption universelle qui atteindra en peu de temps les parties vitales de l'Etat. Il tombera en pourriture et sa gangréneuse décrépitude fera à la fois honte et horreur ».

Aujourd'hui, la puissance de l'Eglise catholique n'est plus. Sur ses ruines s'est développé le mouvement féministe et les paroles de Joseph de Maistre semblent maintenant prophétiques. Etudions rapidement un concept nietzschéen que l'on trouve dans La généalogie de la morale. Les forts sont heureux et les faibles leur jalousent ce bonheur. Ils deviennent donc hommes du ressentiment et entreprennent alors de forger des valeurs destinées à assurer leur domination et à museler les faibles. Nietzsche donne l'exemple des Juifs qui se sont faits martyrs après avoir été persécutés par l'Empire romain ; Empire qui a décliné après cette inversion des valeurs provoquée par les Juifs : « Cet atelier de fabrication des idéaux, à mon sens, il empeste le mensonge à plein nez ! » écrit le philosophe. Nous devons aujourd'hui faire face aux femmes du ressentiment. Oui, je suis un détracteur du féminisme moderne et de son inadéquation avec la lutte du droit des femmes mais je vais néanmoins essayer de mettre mes opinions personnelles de côté pour pouvoir proposer quelques pistes de réflexion qui seront laissées à votre jugement. Je souhaitais aborder plusieurs points de manière organisée mais je dois me résoudre finalement à laisser couler librement les idées. Si l'absence de plan vous déplaît, j'en suis navré. Les lectures des textes de Pierre Clastres ou de Claude Lévi Strauss, nous laissent à penser que les sociétés primitives, bien que matricentrées, cèdent à l'homme le pouvoir décisionnel en raison de son tempérament plus fiable que celui des femmes, sujettes aux douleurs et aux chaleurs, et en raison de sa masse musculaire biologiquement plus élevé. La chose la plus importante à remarquer est la suivante : la femme ne s'en plaint pas ; au contraire elle accepte parfaitement son rôle et participe à la vie du village en cueillant des fruits et d'autres denrées comestibles. Nous arrivons alors au concept essentiel de l'arc et du panier chez Pierre Clastres dont les ''pseudo-féministes modernes'' n'ont jamais entendu parler car elles sont, pour la plupart, illettrées et abruties par la pression de leur groupe (groupe féministe qui, rappelons-le, ne tolère aucune contestation de la part des femmes ou des hommes sous peine d'être reclus et jetés dans un vide social) mais nous y reviendrons ultérieurement. Attention, je dis ''illettrées'' dans le sens où la féministe moderne ne daigne plus s'occuper de livres confrontant les idées qui sont pourtant le seul moyen d'espérer surmonter l'obstacle épistémologique que pose le féminisme. Bachelard exhortait en effet ses lecteurs dans La philosophie du non à ne point se reposer sur une idée mais à mettre tout en œuvre pour trouver une faille dans le raisonnement. ''L'arc et le panier'' est donc la chose suivante : la femme cueille et l'homme chasse et il est impossible pour l'un d'effectuer la tâche de l'autre sous peine d'être marqué par la honte sociale et d'être victime de la malédiction. Mais de quelle malédiction parle-t-on ? Effectivement, la magie n'existe pas, il s'agit d'un interdit tabou hystérique inconscient à action psychosomatique. La psyché a intériorisé des règles inviolables comme cette loi de ''l'arc et du panier''. Si une femme par exemple touche l'arc de son mari, son surmoi entrerait alors en ébullition et punirait la pauvre femme. Celle-ci serait prise de spasmes incontrôlables qui la conduiraient à la mort. Les rôles sont donc clairement établis et aucune objection ne peut être faite à la nature. Mais voilà qu'arrive la culture, et plus particulièrement la culture moderne et sa corruption. La nature ne domine plus mais est dominée par la culture. Or voilà, il y a (et Freud le montre bien) un malaise dans la culture. Les femmes prennent conscience de leur faiblesse et jalousent le pouvoir des hommes. A la manière d'une révolution marxiste, la classe en soi devient classe pour soi. De ce sentiment vicieux qu'est la jalousie naquit un mouvement noble et juste. Et voilà que s'avance la grande dame qui s'apprête à fédérer et charpenter une nouvelle idéologie : Simone de Beauvoir. Ses intentions sont louables. Le texte de <u>La femme indépendante</u> montre le monde comme dominé par les hommes et laissant de moins en moins de place au libre développement de la femme. Ne retenons que ces points car la philosophe risque, dans sa lutte idéologique, de commettre des erreurs de jugement intrinsèques à son point de vue biaisé. Le mot infernal est lâché : égalité. Non, les hommes et les femmes n'ont été, ne sont, et ne seront jamais parfaitement égaux. Les différences biologiques et psychiques empêcheront les femmes de prendre la place des hommes. L'égalité sociale est par contre une réalité souhaitable. A l'heure ou le mouvement était encore jeune et faible, une lueur d'espoir se détachait du monceau d'immondices: les féministes essentialistes. La plupart des militantes féministes modernes n'ont jamais entendu parler du schisme des féministes essentialises et des féministes beauvoiriennes constructivistes. C'est bien normal, elles ont été abruties par une propagande de masse organisée par le mouvement moderne qui ne laisse aucune place à la relativité ou à la pitié dans leur combat. Les féministes beauvoiriennes pointent du doigt la culture qui a asservi les femmes et les a reléguées à un rang inférieur. Or nous avons vu que cette hypothèse est complètement fausse ! C'est la nature qui a soumis les femmes en les privant du phallus et en instaurant un système social ou l'homme est par nature décideur. Car il faut bien un décideur: la nature évite le conflit anarchique. Le combat des beauvoiriennes (et non pas de Simone de Beauvoir) est donc par avance illégitime. Les féministes essentialistes ont eu ce trait de génie de montrer que l'homme et la femme existent à partir d'essences différentes mais que, pour autant, la société doit les traiter de manière indifférenciée. Mais là encore, il y a un paradoxe ! Comment peut-on traiter deux êtres de manière égalitaire si leur essence est différente ? La vérité se cache peut être dans l'idée d'une égalité de convention et de consensus au sein du foyer. Ainsi l'homme et la femme cohabiteront conformément au principe de la justice sociale développée par Platon dans <u>La République IV</u> : chacun jouant le rôle qu'il s'est donné en accord avec l'autre. Nous abandonnons ici la grande égalité illusoire voulue par les féministes. Ce que la nature n'a pas toléré pendant des siècles, notre culture décrépite peut l'autoriser. Les féministes ont besoin de manier ce concept vide d'égalité pour poursuivre la lutte universelle. Mais lorsque les progrès sont satisfaisants, le féminisme s'ennuie. Pourquoi ne pas lutter alors pour l'écriture inclusive ou le man spreading ? Cela pourra occuper au moins un temps les crypto-bourgeoises oisives. Cela nous amène au dernier point que je souhaitais voir avec vous : le développement du féminisme, la tumeur de la société moderne. Il va sans dire que les essentialistes ont échoué et que c'est la théorie constructiviste, encore plus, éloignée de la réalité, qui prime aujourd'hui. La décadence du mouvement a donc été une suite logique et inévitable. Les quelques féministes sérieuses et lettrées ont été noyées dans le flot d'ignorance composé, pour reprendre les termes d'Alain Finkielkraut, de zombies, de fanatiques, et j'ajouterai de névrosées. Je ne m'intéresserai guère aux deux premiers types. En revanche, le troisième me parait être une source non négligeable d'informations concernant le présent et le futur du mouvement. Je ne puis que me référer une fois de plus à Freud et à son excellent livre <u>Névrose psychose et perversion</u> qui contient un essai sur l'homosexualité féminine. L'étude des féministes névrotiques par Freud a permis une généralisation des cas, osée mais très éclairante, sur la psyché des féministes (femmes) en général (les hommes féministes semblent être ou des hypocrites ou des traîtres intéressés ou des simplets enrôlés dans une cause qui n'est pas la leur. Je vous mets entre les mains de La Rochefoucauld). Ainsi, la femme homosexuelle s'identifie absolument au père et lui jalouse la source de son pouvoir : le pénis. Se produit alors un complexe de virilité doublé d'une envie inconsciente de pénis. Elle inverse (ou subit l'inversion de) ses pulsions et se révolte corps et âme contre le sort des femmes parce que justement, elle ne veut plus être femme ! Elle réclame les mêmes droits que les hommes pour pouvoir devenir homme à son tour ! Voilà pourquoi les féministes convaincues ont si peu envie d'avoir des enfants. Le rôle prédéterminé que la nature leur a attribué les dégoûte !   Je terminerai donc par là en vous offrant quelques exemples empiriques. Si nous ne devions citer qu'un groupe féministe, notre voix irait probablement au ''fémen '', un mouvement plus ou moins différent des autres mais souffrant des mêmes incohérences de principes. Celui-ci est né en Ukraine mais s'est étendu à toute l'Europe. Loin de moi l'idée de faire l'historique du mouvement. Je voudrais simplement m'appesantir sur le mot ''fémen''. Vous l'aurez aisément remarqué est une sorte de mot-valise pouvant signifier femmes-men : les femmes hommes ou les femmes voulant être hommes. Leur logo trahit cette pensée. J'ai eu l'occasion de côtoyer et de discuter avec des militantes soi-disant lettrées (je dis ''soi-disant'' car malgré toute leur bonne volonté, leur argumentaire était pauvre et mal construit ; il trahissait les sentiments vicieux qu'elles nourrissaient à l'égard des hommes. Surtout ceux qui ne pensaient pas comme elles). Finalement, certaines de ces militantes avouaient prendre du plaisir à s'habiller de manière masculine, vouloir se couper les cheveux, montrer leur seins nues comme leur parentes ''fémen''. Elles ne se rasaient plus, ne se maquillaient plus « pour montrer leur liberté », disaient-elles. La pression sociale n'avait plus d'emprise sur elles. Elles sont bien naïves. D'une part, parce que à moins de vivre comme un ermite, on ne peut échapper à la pression sociale. Leur faible tentative de résistance ne sert qu'à leur masquer l'ampleur du désastre. D'autre part, il suffit de les regarder pour comprendre en quoi elles essaient vainement de se transformer. C'est bien en homme. L'envie inconsciente de pénis est trop forte et a été sublimée pour finalement former les féministes de demain : de pauvres femmes endoctrinées par leurs pairs, incapables de réfléchir par elles-mêmes. Des fanatiques s'étant détournées de leur noble but initial à la manière des extrémistes religieux. De la pauvre fille d'ouvrier voulant s'élever dans la hiérarchie sociale et briser ce plafond de verre, à la crypto-bourgeoise qui se prend soudainement pour une intellectuelle et qui, usée par l'oisiveté décide de mener le combat. Le combat, messieurs, nous sommes en train de le perdre, et c'est une excellente chose ! En effet nous pouvons nous rassurer grâce aux textes incroyables de Hegel qui aura décidemment été le philosophe le plus clairvoyant de l'Histoire. Ce n'est, hélas, pas le lieu pour étudier la question dans le détail mais pour les puristes, sachez que L'Esprit travaille. Il ne souhaite que se réaliser et se réalisera inévitablement dans sa propre liberté qui participe de celle des hommes. La liberté de la femme est donc inévitable. Il faut simplement croire en Hegel et espérer avec lui que cette révolution mènera à la paix universelle et qu'elle se fera sans débordement aucun. Il y a fort à parier que la quintessence de l'esprit du féminisme, se réincarnera en un corps libéré des dogmes et qui se placera à la tête d'un mouvement cohérent à nouveau. Mais pour lors, il est clair que la lutte, même si elle semble vaine a une importance capitale. Empêcher les déviances, les débordements et les injustices du mouvement.

Voilà j'espère que ce développement vous aura plu et qu'il amorcera la création de votre propre réflexion sur le sujet. Mes erreurs de parcours ne doivent pas être dissimulées ou critiquées mais corrigées. Enfin, je prie de n'avoir choqué personne par l'écriture de ces hypothèses.

Sur la religion

Avant de vous laisser, un thème polémique omniprésent mérite d'être évoqué et m'oblige encore à écrire, las de devoir sans cesse me répéter et me justifier auprès de mes pairs. La religion a toujours été au cœur de la société quelle que soit l'époque. Le sujet a déjà été évoqué dans Le siècle des spécialistes mais je vais me permettre d'y ajouter quelques considérations théoriques supplémentaires. Je me permets en premier lieu de rappeler rapidement la loi des trois états d'Auguste Comte, loi qui n'a cessé d'être interprétée par la suite. Je me prête maintenant au jeu. Au départ est l'état théologique. Les hommes n'ont pas les connaissances nécessaires pour comprendre le monde et les enchainements de causes à effets qui le régissent. Leur orgueil leur intime l'ordre de trouver des explications en dépit de tout. Il est convenu alors que le tout puissant Poséidon commande à la mer, Zeus aux cieux et Hadès à la mort. L'anthropomorphisme est inévitable et ce sont donc les humeurs des dieux qui ordonnent le monde. Cependant les connaissances évoluent avec le temps. Poséidon et Zeus laissent doucement la place aux études maritimes et météorologiques. Les hommes cherchent la protection d'êtres supérieurs. Mais voilà, il reste Hadès. L'homme moderne n'a toujours pas réussit à trouver une réponse sensée à la mort et bâtit donc ''Dieu'' tout puissant, démiurge, qui promet le salut après la mort palliant ainsi non seulement les imperfections de la science mais également l'angoisse naturelle de l'homme pour la mort. Nous arrivons à l'état intermédiaire, l'état métaphysique. Il met en scène les philosophes des Lumières qui ne peuvent se risquer à remettre Dieu en cause mais qui se posent, à juste titre, des questions sur la validité des thèses avancées par les Eglises. L'état scientifique est l'apogée de notre voyage. Il est soit un état d'esprit ; dans lequel l'homme renoncerait à l'idée de Dieu pour permettre le progrès de la science et *in fine* corroborer les thèses religieuses, soit un état sociétal effectif ; dans lequel la religion positive science aura répondu à toutes les questions en remettent l'humanité au centre des préoccupations. L'homme ne s'échinera plus à croire en un être illusoire, tout puissant soit-il, mais pourra croire au progrès de l'humanité. Cet état est notre destination. Empiriquement, cette théorie est partiellement vérifiable. Il suffit de comparer les sociétés du Moyen Age très pieuses et encrées dans la religion et les sociétés modernes qui se sont débarrassées des mœurs pures du passé et qui ont déserté massivement les lieux de culte. Nietzsche aura fait la même constatation. Sa célèbre citation ''Dieu est mort'' résonne dans les esprits comme le glas de la puissance illégitime des Eglises. Néanmoins ladite citation souffre d'un problème lié à la volonté d'exagération de Nietzsche. Le philosophe veut choquer et y parvient mais il semblerait que la phrase ''Dieu se meurt'' soit plus adéquate. Nous allons en effet évoquer le noyau dur des fidèles et des croyants: les irréductibles fanatiques. Attention, par fanatiques, je n'entends pas les croyants extrémistes qui se livrent à la violence et à la barbarie au nom de Dieu. Ces personnes ont été suffisamment évoquées et pour une fois l'opinion commune rend assez bien compte de la situation : ce sont des tueurs abrutis par un bourrage de crâne qui ne méritent pas notre attention ici. Les fanatiques que je mets en avant sont ceux pour qui la Sainte Bible est le seul livre de référence. Ces mêmes personnes ne chercheront jamais à remettre leur foi illusoire en cause et iront jusqu'à nier en bloc des preuves scientifiques utilisées contre les textes bibliques. Là est le comique de situation car malgré leur connaissance des textes, les préceptes de base de leur religion comme la tolérance, le respect et l'amour entre les peuples se transforment dans leurs esprits en haine de l'autre. Quoi de plus malheureux ! Kant dans <u>La religion dans les limites de la simple raison</u> prône l'existence d'une religion naturelle libérée de l'absolutisme despotique de l'institution : « L'illusion religieuse chimérique est la mort morale de la raison », écrit-il. Kant observe la religion catholique et constate que les choses bonnes qu'il faut extraire de tout ce fatras dogmatique sont les idées morales d'amour et de respect. Les fanatiques d'aujourd'hui comme d'hier mènent une guerre idéologique contre leurs voisins au lieu de chercher l'harmonie. Leur combat est donc par nature illégitime et profane. Quoi que ! Je vous proposerai par la suite quelques citations tirées des basfonds pestilentiels de l'Ancien Testament de la Bible. Mais comment un livre de fables et de contes a pu s'imposer à la raison (ou du moins à la foi) des catholiques ? La réponse est la suivante : les miracles ! Voilà le fondement de la puissance de toute religion. Etudions la Bible. L'explication que l'on peut donner des guérisons miraculeuses, de la transformation de l'eau en vin ou de la multiplication des pains doit être rationnelle. Nous penserons à des hallucinations collectives ou individuelles ou à un simple mensonge destiné à montrer le Christ plus grand qu'il n'est. Mais nous pouvons également soupçonner un pouvoir fétichiste du *logos*. En effet, le Christ, en plus d'être un guérisseur de talent, possédait un charisme incroyable et n'oublions pas que sa réputation le précédait. Voyons la divinité du Christ comme un théorème mathématique, la vérité absolue se fonde sur l'absence d'exception et en effet, Jésus reste fidèle aux principes divins tout au long de la Bible. Mais voici l'épisode des marcheurs du temple. Jésus cède à la colère d'une manière tout à fait humaine, il tresse un fouet avec des cordes et chasse les commerçants qui se tenaient devant le temple. Le divin du Christ n'est plus. Il redevient un homme ordinaire. Le théorème s'effondre. Mais revenons à l'Ancien Testament, je tenais à vous livrer les textes que l'Eglise moderne a toujours voulu occulter quand L'Eglise du Moyen Age a, au contraire, mis en avant ces textes pour motiver ses templiers au massacre de populations innocentes.

Josué 8.24 : Lorsqu'Israël eut achevé de tuer tous les

habitants d'Aï dans la campagne, dans le désert, où ils l'avaient poursuivi, et que tous furent entièrement passés au fil de l'épée, tout Israël revint vers Aï et la frappa du tranchant de l'épée.

Josué 8.25 : Il y eut au total douze mille personnes tuées ce jour-là, hommes et femmes, tous gens d'Aï.

Josué 8.26 : Josué ne retira point sa main qu'il tenait étendue avec le javelot, jusqu'à ce que tous les habitants eussent été dévoués par interdit.

Josué 8.27 : Seulement Israël garda pour lui le bétail et le butin de cette ville, selon l'ordre que l'Éternel avait prescrit à Josué.

Josué 8.28 : Josué brûla Aï, et en fit à jamais un monceau de ruines, qui subsiste encore aujourd'hui.

Josué 8.29 : Il fit pendre à un bois le roi d'Aï, et l'y laissa jusqu'au soir. Au coucher du soleil, Josué ordonna qu'on descendît son cadavre du bois; on le jeta à l'entrée de la porte de la ville, et l'on éleva sur lui un grand monceau de pierres, qui subsiste encore aujourd'hui. _____

Exode 19.10 : Et l'Éternel dit à Moïse: Va vers le peuple; sanctifie-les aujourd'hui et demain, qu'ils lavent leurs vêtements.

Exode 19.11 : Qu'ils soient prêts pour le troisième jour; car le troisième jour l'Éternel descendra, aux yeux de tout le peuple, sur la montagne de Sinaï.

Exode 19.12 : Tu fixeras au peuple des limites tout à l'entour, et tu diras: Gardez-vous de monter sur la montagne, ou d'en toucher le bord. Quiconque touchera la montagne sera puni de mort.

Exode 19.13 : On ne mettra pas la main sur lui, mais on le lapidera, ou on le percera de flèches: animal ou homme, il ne vivra point. Quand la trompette sonnera, ils s'avanceront près de la montagne.

Colossiens 3.18 : Femmes, soyez soumises à vos maris, comme il convient dans le Seigneur.

Nombres 31.17 : Eh bien, maintenant, tuez tous les garçons et tuez toutes les femmes qui ont connu un homme dans l'étreinte conjugale.

Nombres 31.18 Mais toutes les fillettes qui n'ont pas connu l'étreinte conjugale, gardez-les en vie pour vous.

Comment le Dieu de l'Ancien Testament, vengeur et sans pitié peut-il être le même qui a envoyé son fils Jésus le Christ pour prêcher sur Terre l'amour le pardon et la tolérance ? Aucune réponse des fanatiques. ''L'Eternel' 'qui ordonne, se comporte ici en petit roi tyrannique et cela ne pose aucun problème. L'anthropomorphisme est parfait. Il y aurait en fait une médiation qui passe par le prophète Osée qui déclare déjà « Dieu ne veut pas le sacrifice, mais l'amour ». Ainsi, l'Ancien Testament devient « chrétien » avant Jésus. Il est très possible que le premier Jésus ait été éduqué comme tout juif selon la loi de Moïse et que sa connaissance d'Osée ait produit un deuxième Jésus d'amour. Néanmoins, il faut garder à l'Esprit que ces tournants dans la pensée religieuse sont permis par l'imagination des prophètes. Rappelons enfin que des écrits similaires peuvent être trouvés dans le Coran ou le Talmud. Mais alors que peut-on faire pour rétablir la vérité ? Nous ne devons surtout rien faire ! La foi est sacrée, dans tous les sens du terme. Certes les croyants pourraient se forger une vraie opinion religieuse en lisant Thomas d'Aquin ou Malebranche par exemple mais la foi a forcément ses avantages. André Comte Sponville nous dit d'ailleurs dans le <u>Traité du désespoir et de la béatitude</u> la chose suivante : « Les illusions démystifiées dans la pensée ne disparaissent pas forcément dans la vie ; une valeur illusoire n'est pas une absence de valeur sans quoi il n'y aurait plus d'illusion ». La religion encadre et soutient la foi dans une illusion mais le but recherché n'est plus la guerre ou la régulation des mœurs par l'institution mais l'aide spirituelle (et donc psychologique) aux croyants attentifs. Alors quel est l'avenir de cette illusion ? Freud répondrait que tant qu'il y aura des névrosés sur terre, la religion offrira ses services pour adoucir une vie d'angoisse et d'attente. Je l'ai déjà dit, on a tous besoin d'un maître. Personne ne peut se permettre de critiquer la foi avec le croyant sans arguments valables et preuves à l'appui car sans cela nous mettrons nos pieds profanes dans l'espace sacré d'un autre. Il faut au contraire glorifier les débats d'idées susceptibles de nous mettre sur le chemin de la vérité. La science sacrée de l'un ne peut entrer en conflit avec la religion d'un autre que dans un cadre établi. Vous lisez ces lignes ; vous acceptez donc une critique (constructive je l'espère) de la religion et je lis moi-même des critiques religieuses à l'encontre des thèses freudiennes. « La religion est l'opium du peuple », voici la célèbre formule de Karl Marx. Elle est très juste, mais il s'agit d'un opium aux vertus médicinales. En effet sans la religion, les névrosés ne supportant pas l'angoisse de la mort, devrons trouver un autre moyen de pallier leur peur ontologique. Cela pourrait les amener vers des extrémités dangereuses pour la société en général.

Post-Scriptum

Ce *post-Scriptum* n'en est pas vraiment un. Je veux qu'il s'intègre absolument à l'écriture car je dois maintenant faire mon *mea culpa*. Tout ce que je viens d'écrire n'est que l'opinion (certes sertie de preuves et recouverte d'un vernis philosophique) d'un étudiant influencé par son professeur. Opinion qui ne vaut donc rien. Alors pourquoi l'écriture ? Parce que je suis névrosé moi aussi, comme vous tous. Angoisse qui existe parmi les littéraires : l'héritage que l'on souhaite un jour laisser. Or, la société se meurt et les tensions géopolitiques grandissent, en un mot, les problèmes s'accumulent. C'est donc cette peur du lendemain qui m'oblige à écrire. J'ose pourtant espérer apporter des pistes de réflexion ou des idées nouvelles sur les quelques sujets choisis. Il ne s'agit donc pas de penser avec ou contre moi ; il s'agit de penser ! Ma philosophie, s'il vaut la peine de parler en ces termes, est une poubelle. Une poubelle dont les effluves nauséabonds auront, j'espère, le pouvoir de réveiller certaines consciences modernes de leur dogmatisme sécurisant enfermant une pseudo-vérité, émanation de la bien-pensance, pour retrouver le plaisir d'une vie avec la pensée. Il faut accepter la vérité même si elle est scabreuse ou qu'elle dérange. La fameuse société du fanatique et du zombie annoncée par Alain Finkielkraut dans <u>La défaite de la pensée</u> arrive à grandes enjambées et nous serons bientôt noyés dans les flots d'une culture gangrénée. Dans <u>Humain trop humain,</u> Nietzsche proposait avec cynisme de mettre la tête de tous les nouveaux écrivains sur le billot et de laisser le bourreau faire son travail si le livre écrit n'est pas bon. Je ne suis pas un écrivain mais juste un étudiant qui écrit, pourtant j'aime le concept car si ma tête roulerait sans doute sur le plancher, elle pourra admirer le charnier des corps étêtés des nombreux autres auteurs qui se croient bons mais qui ne valent rien. Mes essais ne sont donc pas bons ? Bien sûr que non, ils sont au contraire très mauvais, mais cela permet au livre d'avoir plusieurs avantages. Tout d'abord, il est court et *de facto* plus engageant à être lu que certains monuments philosophico-littéraires sans fin qui, à moins d'être écrits par un auteur patrimoine, ne seront lus que par quelques universitaires proches de l'auteur lui-même. Je le répète, ce livre est court et est donc amputé de beaucoup d'idées et de nombreux détails, ce qui lui permet de favoriser la pensée personnelle des lecteurs et je l'espère de susciter en l'eux l'envie d'avoir un avis construit. Enfin, les références aux philosophes majeurs et mineurs de l'histoire sont volontairement nombreuses et incomplètes pour, encore une fois, donner l'envie de les découvrir par soi-même. Et c'est cela qui est, à mon sens, le plus important. Il faudrait abandonner mes essais inutiles et se précipiter sur les essais de Kant, Hegel, Platon qui apportent des réponses intemporelles aux grandes questions de l'humanité.

Table des matières

Thomas Primerano est étudiant en classe préparatoire littéraire à Strasbourg. Il se spécialise en philosophie et s'inspire largement des travaux de Sigmund Freud.

Pierre Erler a été professeur de philosophie. Titulaire d'un doctorat en philosophie, il enseigna dans le secondaire en Moselle.

Crédit image de la couverture : La Joconde, portrait de Léonard de Vinci, huile sur toile exposée au Louvre.

Edition : BoD - Books on Demand
12/14 rond-point des Champs Elysées, 75008 Paris
Imprimé par Books on Demand GmbH, Norderstedt, Allemagne
ISBN : 9782322103133
Dépôt légal : février 2018